説明文 編

中学受験

となりにカテキョ

つきっきり国語

実務教育出版

この本で勉強するみんなへ

みなさんは、文章を読んで「あ～あ、何が書いてあるのかよくわからなかったなあ」と思ったことはありませんか。そうなると、問題もよく解《と》けないし、国語はキライ！　やりたくない‼　となりますよね。

私《わたし》は国語の先生ですが、国語があまり得意《とくい》な子どもではありませんでした。小学四年生のテストの時に指示語《しじご》の問題が解《と》けず、だれにも気づかれないようにそっと下を向いて泣《な》いたことがあります。子ども心にも自分の能力《のうりょく》をまざまざと見せつけられたような気がして悲しかったのです。このときの気持ちは、何十数年もたった今でも忘《わす》れられない思い出です。

勉強は、すぐに理解《りかい》して解けなかったり、思うように得点《とくてん》が伸《の》びなかったり、苦しいものでした。でも今は、こうして小学生の頃《ころ》からの夢《ゆめ》だった国語の先生になれました。苦労《くろう》してやったことは、そのぶん身につきます。苦労してやったからこそ、身についたことがたくさんあります。でも、勉強は私にとって苦行のようなものでしかありませんでした。だからこそ、みんなには楽しく学んでほしいです。この本にはそんな願《ねが》いを込《こ》めました。

そもそも読むのが嫌《きら》いというタイプのみんなにも読んでもらえるように、よい題材《だいざい》を選《えら》びぬきました。

初《はじ》めに出てくるＨＯＰ（ホップ）では、みんなと同じ小学生が登場して先生と楽しく会話をしながら進めていきます。桃太郎《ももたろう》もみんなの理解《りかい》をマンガで手助けしてくれます。次のＳＴＥＰ（ステップ）では、一人でミッションやゴール問題にチャレンジします。

最後《さいご》のＪＵＭＰ（ジャンプ）では、また先生と小学生が登場して一緒《いっしょ》に学べるようになっています。だから「あ～あ、何が書いてあるのかよくわからなかったなあ」と思っても大《だい》丈夫《じょうぶ》！　この本に登場する小学生が、みんなのつまずきどころを代わりに言ってくれるからね。ぜひ楽しみながら取り組んでみてね！

金子　香代子

保護者の皆様へ

家庭教師を続けて20年近く。指導先でよく言われるのが「国語は勉強の仕方がわからない」というセリフでした。私自身、子どものころは「国語はフィーリングや！」と教えられ、じゃあどうすれば〝いつも〟解けるようになるのかなあと悩む日々でした。しかし、そんなわけないんですよ。国語には読み方があります。それを知れば飛躍的に解きやすくなります。

みんな、やり方を知らないからできないだけなんです。

どうすればわかりやすく教えられるのか悩む中、金子先生とズームメイトというオンラインの集団授業を始めました。金子先生が読み方、私が解き方を教える。国語だけで約2時間の授業。始めた当初は、需要なんかあるのかなと不安でした。でも、子どもたちは「国語が楽しくなってきた」「点数がとれるようになってきた」と目をキラキラさせて授業を受けてくれる。どんどん伸びていってくれる。これだ、と確信しました。そのまま本にできないかと苦心したのが本書です。

できる限り子どもが一人で取り組むことができるように、『面白く』。ごりごりの難文や理解するのが難しい概念を、きゃはは と笑いながら乗り越えていってほしい。つまらない、難しい。それでは続きません。最後まで取り組んでもらうことを目標に、最後の入試問題まではあえて問題数を減らしてあります。「隙間時間にちょっとでも取り組もう！」「今日は30分だけ、ここだけやろう」そんなふうに使っていただけますと幸いです。子どもたちに読んでほしい文章を古今東西の入試問題から選出しました。読むだけでも勉強になるので、読み物としても楽しんでいただければ幸いです。みなさまとお子様の笑顔を願って。

青山 麻美

中学受験　となりにカテキョ　つきっきり国語【説明文編】

もくじ

第0章 まずはじめに

第1章 説明文攻略の準備

この本の使い方

中学受験の国語では、説明文の読解問題が必ずと言っていいほど出題されます。説明文を正しく読み、正確に設問に解答するためには、話題や具体例、筆者の意見などの情報を整理しながら読むクセをつけなくてはなりません。この問題集では、説明文の問題をスラスラ解けるようになるためのワザが、段階的に身に付くようになっています。

Hop! 説明文を正しく読み取り、問題を解くために知っておきたいことを説明します。

単元のテーマを理解しやすいように、先生の説明に合わせてマンガを載せています。

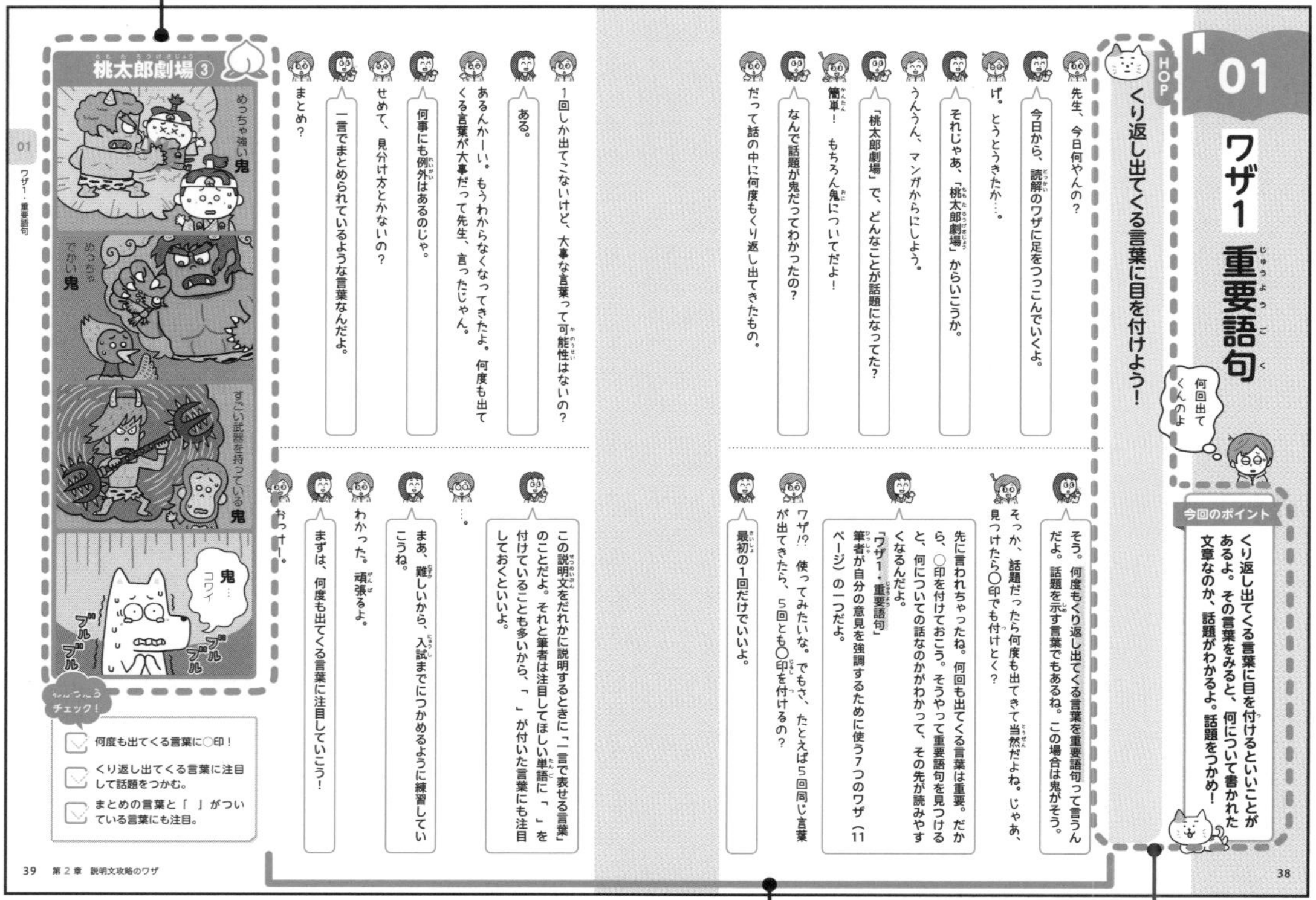

01 ワザ1 重要語句《じゅうようごく》

何回出てくんのよ

HOP くり返し出てくる言葉に目を付けよう！

今回のポイント
くり返し出てくる言葉に目を付《つ》けるといいことがあるよ。その言葉をみると、何について書かれた文章なのか、話題がわかるよ。話題をつかめ！

先生、今日何やんの？

今日から、読解《どっかい》のワザに足をつっこんでいくよ。

げ。とうとうきたか…。

それじゃあ、「桃太郎劇場《ももたろうげきじょう》」からいこうか。

うんうん、マンガからにしよう。

「桃太郎劇場」で、どんなことが話題になってた？

簡単《かんたん》！　もちろん鬼《おに》についてだよ！

なんで話題が鬼だってわかったの？

だって話の中に何度もくり返し出てきたもの。

そう。何度もくり返し出てくる言葉を重要語句って言うんだよ。話題を示《しめ》す言葉でもあるね。この場合は鬼がそう。

そっか、話題だったら何度も出てきて当然《とうぜん》だよね。じゃあ、見つけたら○印でも付《つ》けとく？

先に言われちゃったね。何回も出てくる言葉は重要。だから、○印を付けておこう。そうやって重要語句を見つけると、何についての話なのかがわかって、その先が読みやすくなるんだよ。
「ワザ1・重要語句《じゅうようごく》」
筆者《ひっしゃ》が自分の意見を強調するために使う7つのワザ（11ページ）の一つだよ。

ワザ!?　使ってみたいな。でもさ、たとえば5回同じ言葉が出てきたら、5回とも○印《じるし》を付《つ》けるの？

最初《さいしょ》の1回だけでいいよ。

1回しか出てこないけど、大事な言葉って可能性《かのうせい》はないの？

ある。

あるんかーい。もうわからなくなってきたよ。何度も出てくる言葉が大事だって先生、言ったじゃん。

何事にも例外《れいがい》はあるのじゃ。

せめて、見分け方とかないの？

一言でまとめられているような言葉なんだよ。

まとめ？

この説明文《せつめいぶん》をだれかに説明するときに「一言で表せる言葉」のことだよ。それと筆者は注目してほしい単語《たんご》に「　」を付けていることも多いから、「　」が付いた言葉にも注目しておくといいよ。

…。

まあ、難《むずか》しいから、入試《にゅうし》までにつかめるように練習していこうね。

わかった。頑張《がんば》るよ。

まずは、何度も出てくる言葉に注目していこう！

おっけー。

チェック！
- 何度も出てくる言葉に○印！
- くり返し出てくる言葉に注目して話題をつかむ。
- まとめの言葉と「　」がついている言葉にも注目。

01 ワザ1・重要語句

38

39　第2章　説明文攻略のワザ

今回のポイント
この単元で学ぶことと、問題を解くためのコツをまとめています。

家庭教師の先生と生徒の授業中のリアルなやりとりを再現しています。中学受験の国語では、子どもがつまずきやすいポイントは共通しています。そうしたひっかかりやすいポイントを、子どもの目線に合わせて丁寧に説明しています。この対話を読めば、まるで実際に家庭教師の授業を受けているかのような深い理解を得られるはずです！

STEP!

HOPで学んだポイントに気を付けながら、説明文を読んでみましょう。題材となる説明文には、かみごたえのある珠玉の文章を選んでいます。最後に、この単元で絶対にマスターして欲しいテーマにちなんだ「ゴールの問題」があるので、取り組んでください。

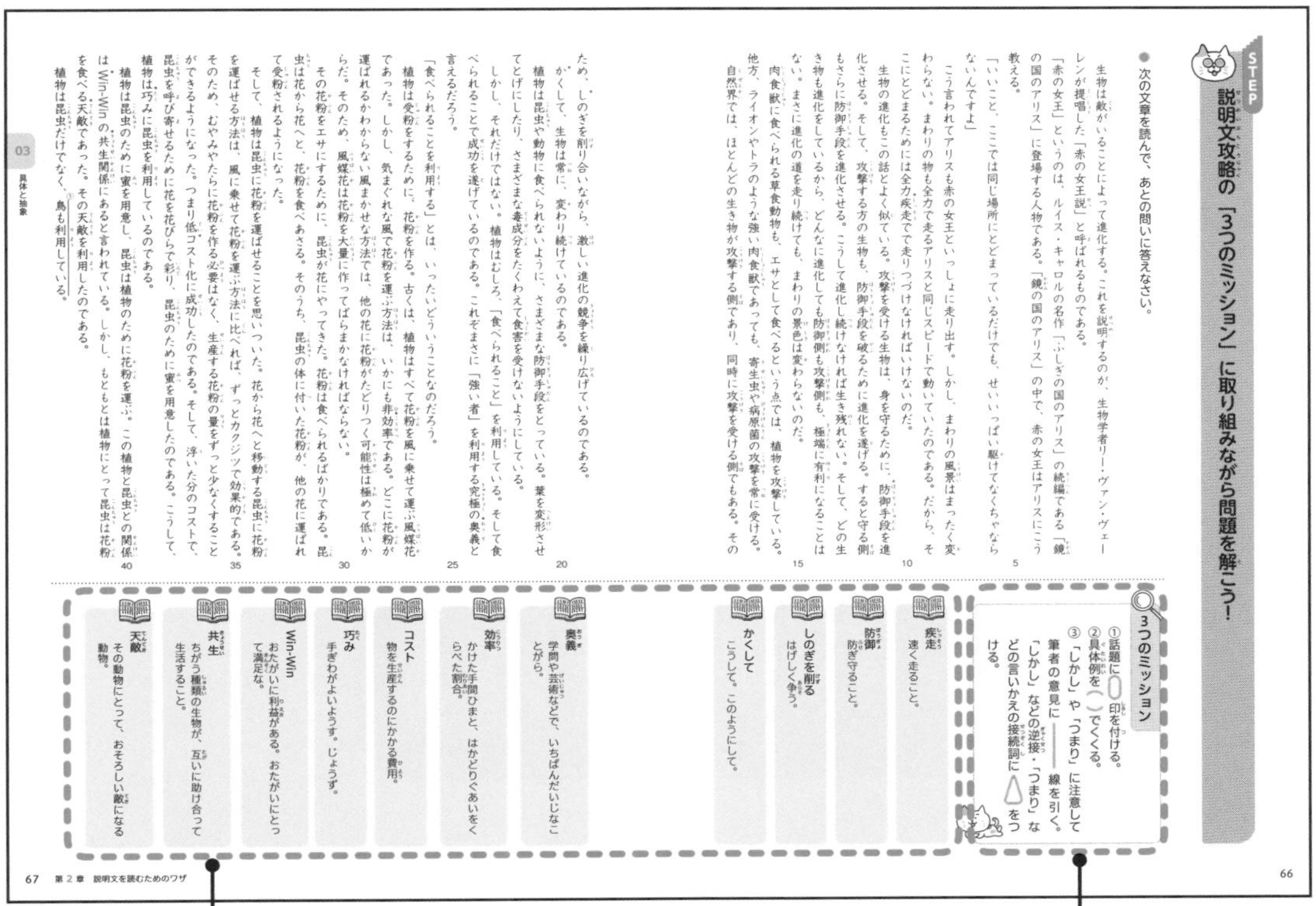
STEP
説明文攻略の「3つのミッション」に取り組みながら問題を解こう!

● 次の文章を読んで、あとの問いに答えなさい。

生物は敵がいることによって進化する。これを説明するのが、生物学者リー・ヴァン・ヴェーレンが提唱した「赤の女王説」と呼ばれるものである。

「赤の女王」というのは、ルイス・キャロルの名作「ふしぎの国のアリス」の続編である「鏡の国のアリス」に登場する人物である。「鏡の国のアリス」の中で、赤の女王はアリスにこう教える。

「いいこと、ここでは同じ場所にとどまっているだけでも、せいいっぱい駆けてなくちゃならないんですよ」

こう言われてアリスも赤の女王といっしょに走り出す。しかし、まわりの風景はまったく変わらない。まわりの物も全力で走るアリスと同じスピードで動いていたのである。だから、そこにとどまるためには全力疾走で走りつづけなければいけないのだ。

生物の進化もこの話とよく似ている。攻撃を受ける生物は、身を守るために、防御手段を進化させる。そして、攻撃する方の生物も、防御手段を破るために進化を遂げる。すると守る側もさらに防御手段を進化させる。こうして進化し続けなければ生き残れない。そして、どの生き物も進化をしているから、どんなに進化しても防御側も攻撃側も、極端に有利になることはない。まさに進化の道を走り続けても、まわりの景色は変わらないのだ。

肉食獣に食べられる草食動物も、エサとして食べるという点では、植物を攻撃している。他方、ライオンやトラのような強い肉食獣であっても、寄生虫や病原菌の攻撃を常に受ける。その自然界では、ほとんどの生き物が攻撃する側であり、同時に攻撃を受ける側でもある。そのため、しのぎを削り合いながら、激しい進化の競争を繰り広げているのである。

かくして、生物は常に、変わり続けているのである。

植物は昆虫や動物に食べられないように、さまざまな防御手段をとっている。葉を変形させてとげにしたり、さまざまな毒成分をたくわえて食害を受けないようにしている。

しかし、それだけではない。植物はむしろ、「食べられること」を利用している。そして食べられることで成功を遂げているのである。これぞまさに「強い者」を利用する究極の奥義と言えるだろう。

「食べられることを利用する」とは、いったいどういうことなのだろう。

植物は受粉をするために、花粉を作る。古くは、植物はすべて花粉を風に乗せて運ぶ風媒花であった。しかし、気まぐれな風で花粉を運ぶ方法は、いかにも非効率である。どこに花粉が運ばれるかわからない風まかせな方法では、他の花に花粉がたどりつく可能性は極めて低いからだ。そのため、風媒花は花粉を大量に作ってばらまかなければならない。

その花粉をエサにするために、昆虫が花にやってきた。花粉は食べられるばかりである。昆虫は花から花へと、花粉を食べあさる。そのうち、昆虫の体に付いた花粉が、他の花に運ばれて受粉されるようになった。

そして、植物は昆虫に花粉を運ばせることを思いついた。花から花へと移動する昆虫に花粉を運ばせる方法は、風に乗せて花粉を運ぶ方法に比べれば、ずっとカクジツで効果的である。そのため、むやみやたらに花粉を作る必要はなく、生産する花粉の量をずっと少なくすることができるようになった。つまり低コスト化に成功したのである。そして、浮いた分のコストで、昆虫を呼び寄せるために花を花びらで彩り、昆虫のために蜜を用意したのである。こうして、植物は巧みに昆虫を利用しているのである。

植物は昆虫のために蜜を用意し、昆虫は植物のために花粉を運ぶ。この植物と昆虫との関係はWin-Winの共生関係にあると言われている。しかし、もともとは植物にとって昆虫は花粉を食べる天敵であった。その天敵を利用したのである。

植物は昆虫だけでなく、鳥も利用している。

3つのミッション
① 話題に◯印を付ける。
② 具体例を（ ）でくくる。
③ 「しかし」や「つまり」に注意して筆者の意見に――線を引く。「しかし」などの逆接・「つまり」などの言いかえの接続詞に△をつける。

疾走《しっそう》 速く走ること。
防御《ぼうぎょ》 防ぎ守ること。
しのぎを削る はげしく争う。
かくして こうして。このようにして。
奥義《おうぎ》 学問や芸術などで、いちばんだいじなことがら。
効率《こうりつ》 かけた手間ひまと、はかどりぐあいをくらべた割合。
コスト 物を生産するのにかかる費用。
巧み《たくみ》 手ぎわがよいようす。じょうず。
Win-Win おたがいに利益がある。おたがいにとって満足な。
共生《きょうせい》 ちがう種類の生物が、互いに助け合って生活すること。
天敵《てんてき》 その動物にとって、おそろしい敵になる動物。

03 具体と抽象

66

67 第2章 説明文を読むためのワザ

①話題は何？②具体例はどこ？③筆者の意見が読み取れる表現はどこ？の3つに気を付けながら読むことが大切です。そのために、STEPの物語文に直接、自分で①〜③の印を書き込んでいきましょう。この本ではこれを、「3つのミッション」と呼んでいます。（はじめのうちはミッションの数を少なくしています。）

難しい語句の意味はここで説明しています。

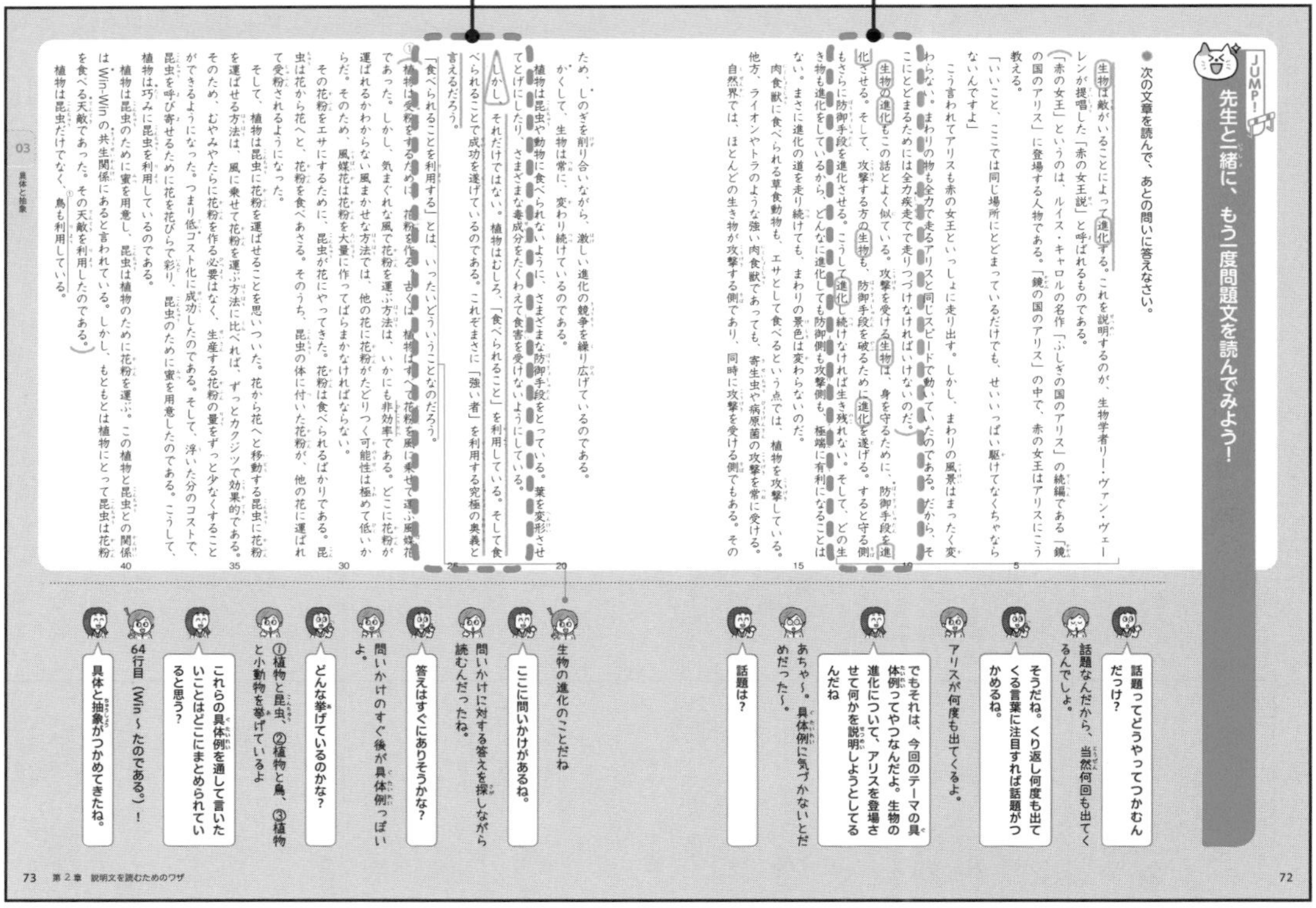

JUMP! 先生と一緒に、もう一度問題文を読んでみよう！

● 次の文章を読んで、あとの問いに答えなさい。

生物は敵がいることによって進化する。これを説明するのが、生物学者リー・ヴァン・ヴェーレンが提唱した「赤の女王説」と呼ばれるものである。

「赤の女王」というのは、ルイス・キャロルの名作「ふしぎの国のアリス」の続編である「鏡の国のアリス」に登場する人物である。「鏡の国のアリス」の中で、赤の女王はアリスにこう教える。

「いいこと、ここでは同じ場所にとどまっているだけでも、せいいっぱい駆けてなくちゃならないんですよ」

こう言われてアリスも赤の女王といっしょに走り出す。しかし、まわりの風景はまったく変わらない。まわりの物も全力で走るアリスと同じスピードで動いていたのである。だから、そこにとどまるためには全力疾走でで走りつづけなければいけないのだ。

生物の進化もこの話とよく似ている。攻撃を受ける生物は、身を守るために、防御手段を進化させる。そして、攻撃する方の生物も、防御手段を破るために進化を遂げる。すると守る側もさらに防御手段を進化させる。こうして進化し続けなければ生き残れない。そして、どの生き物も進化をしているから、どんなに進化しても防御側も攻撃側も、極端に有利になることはない。まさに進化の道を走り続けても、まわりの景色は変わらないのだ。

肉食獣に食べられる草食動物も、エサとして食べるという点では、植物を攻撃している。

他方、ライオンやトラのような強い肉食獣であっても、寄生虫や病原菌の攻撃を常に受ける。自然界では、ほとんどの生き物が攻撃する側であり、同時に攻撃を受ける側でもある。そのため、しのぎを削り合いながら、激しい進化の競争を繰り広げているのである。

かくして、生物は常に、変わり続けているのである。

植物は昆虫や動物に食べられないように、さまざまな防御手段をとっている。葉を変形させてとげにしたり、さまざまな毒成分をたくわえて食害を受けないようにしている。

しかし、それだけではない。植物はむしろ、「食べられること」を利用している。そして食べられることで成功を遂げているのである。これぞまさに「強い者」を利用する究極の奥義と言えるだろう。

「食べられることを利用する」とは、いったいどういうことなのだろう。

植物は受粉をするために、花粉を作る。古くは、植物はすべて花粉を風に乗せて運ぶ風媒花であった。しかし、気まぐれな風で花粉を運ぶ方法は、いかにも非効率である。どこに花粉が運ばれるかわからない風まかせな方法では、他の花に花粉がたどりつく可能性は極めて低いからだ。そのため、風媒花は花粉を大量に作ってばらまかなければならない。

その花粉をエサにするために、昆虫が花にやってきた。花粉は食べられるばかりである。昆虫は花から花へと、花粉を食べあさる。そのうち、昆虫の体に付いた花粉が、他の花に運ばれて受粉されるようになった。

そして、植物は昆虫に花粉を運ばせることを思いついた。花から花へと移動する昆虫に花粉を運ばせる方法は、風に乗せて花粉を運ぶ方法に比べれば、ずっとカクジツで効果的である。そのため、むやみやたらに花粉を作る必要はなく、生産する花粉の量をずっと少なくすることができるようになった。つまり低コスト化に成功したのである。そして、浮いた分のコストで、昆虫を呼び寄せるために花を花びらで彩り、昆虫のために蜜を用意したのである。こうして、植物は巧みに昆虫を利用しているのである。

植物は昆虫のために蜜を用意し、昆虫は植物のために花粉を運ぶ。この植物と昆虫との関係はWin-Winの共生関係にあると言われている。しかし、もともとは植物にとって昆虫は花粉を食べる天敵であった。その天敵を利用したのである。

植物は昆虫だけでなく、鳥も利用している。

話題ってどうやってつかむんだっけ？
話題なんだから、当然何回も出てくるんでしょ。
そうだね。くり返し何度も出てくる言葉に注目すれば話題がつかめるね。
アリスが何度も出てくるよ。
でもそれは、今回のテーマの具体例ってやつなんだよ。生物の進化について、アリスを登場させて何かを説明しようとしてるんだね
あちゃ～。具体例に気づかないとだめだった～。
話題は？
生物の進化のことだね
ここに問いかけがあるね。
問いかけに対する答えを探しながら読むんだったね。
答えはすぐにありそうかな？
問いかけのすぐ後が具体例っぽいよ。
どんな挙げているのかな？
①植物と昆虫、②植物と鳥、③植物と小動物を挙げているよ
これらの具体例を通して言いたいことはどこにまとめられていると思う？
64行目（Win～たのである。）！
具体と抽象がつかめてきたね。

03 具体と抽象

73 第2章 説明文を読むためのワザ　72

「3つのミッション」の記入例が書き込まれています。STEPで書き込んだ自分の印の位置とどう違うのか、確認してみましょう。

先生と生徒と一緒に、もう一度説明文を読み直します。下段の対話文を読めば、実際に問題を解く時に、どのように注意を払いながら読めばよいのかのコツが、自然と身に付きます！

「ことばカード」が付録でついてくるよ！

入試レベルの説明文の問題を解くうえで必ず覚えておいて欲しいキーワードをカードにしました。繰り返し読んで覚えてね！

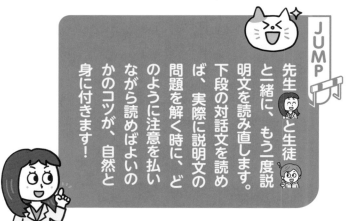

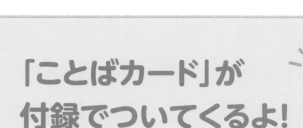

第0章

まずはじめに

00 説明文《せつめいぶん》って？

今日から、キミの国語の先生だよ。よろしくね！

国語…キライなんだよね。やりたくないなぁ。

ふむふむ。国語のどんなとこが嫌《きら》いなの？

だって、算数みたいに答えがはっきりしないし。そもそも読んでるうちになんの話かわからなくなるし！

そうだよねえ。でも、実は読み方があるんだけどなあ。

え！　そうなの？　本とかマンガしか読んでないけど、できるようになるのかな？

ふっふっふ。そういう子をできるように導《みちび》くのが先生の仕事さ！

そうなんだ…それなら、やってみてもいいかも。

じゃあ、国語には物語文と説明文があるって知ってる？

あー。それは聞いたことあるよ。わかりやすいのが物語文で、難《むずか》しいのが説明文でしょ。

うんうん。物語文は登場人物が出てきて会話もあったりするし、読みやすいよね。でも、説明文はある事柄《ことがら》について筆者が何かを説明していたり意見を述《の》べたりしていて、難しく感じるんだよね。

うん、途中《とちゅう》でなんの話かわからなくなるんだ。

そんなキミに、7つのワザで説明文を攻略《こうりゃく》してもらうよ。

今回のポイント

説明文には構造《こうぞう》があるって知ってる？これからどんなことを学んでいくのか見てみよう！

説明文って？

話題

重要語句《じゅうようごく》（ワザ1・38ページ）

問いかけ（ワザ2・52ページ）

具体と抽象《ちゅうしょう》（ワザ3・64ページ）

対《たい》比《ひ》（ワザ4・78ページ）

理由（ワザ5・92ページ）

言いかえ（ワザ6・106ページ）

比《ひ》喩《ゆ》（ワザ7・120ページ）

→ 意見

この意見を読み取るのが目標《もくひょう》だよ！
そのために使うのがワザ1〜7
なんだね

これらを第２章で
学習するよ！

へぇ〜。説明文《せつめいぶん》ってこういう風
にできてるんだ。

こういう構造《こうぞう》をつかみながら読むと、
説明文《せつめいぶん》が読み取れるようになるよ。
７つのワザを一つずつ学んでいこうね！

第1章

説明文
攻略の準備

01 **準備1・接続詞** 〜どんな関係なのさ〜

02 **準備2・指示語** 〜それって何指してんのよ…〜

01

準備1 接続詞《せつぞくし》

どんな関係《かんけい》なのさ

今回のポイント

接続詞に目を付《つ》けると、文と文の関係や、段落《だんらく》と段落の関係がつかめるようになるよ。次に書かれている内容《ないよう》の予測《よそく》がつけられる！

HOP 接続詞の働《はたら》きを覚《おぼ》えて、使えるようにしよう！

先生～、接続詞の問題が全然《ぜんぜん》解《と》けないよ～。

接続詞の問題を解くには、2つのハードルがあるんだよ。

ハードル？ なにそれ。

1つ目のハードルというのはね、接続詞それぞれの働きを理解《りかい》していること。

2つ目は？

2つ目はね、接続詞の前後の文のつながりをつかむこと。

げ～。2つもわかってないといけないんだね。

「桃太郎劇場《ももたろうげきじょう》」を見てごらん。空欄《くうらん》①～③には「なぜなら」「しかし」「つまり」のどれかがが入るよ。何が入ると思う？

おばあさんはやさしいのに厳《きび》しいって逆《ぎゃく》のことが書いてあるから、①は「しかし」かな。②は、厳しい理由が書いてあるから、「なぜなら」かな。③は、おばあさんのことをまとめているから、「つまり」？

お見事。全部正解《せいかい》！ 接続詞の意味も文のつながりもばっちりわかっているじゃない。こんな風に2つのハードルを越《こ》えるんだよ。

3つともよく出るもんね。でも、接続詞って他にもいっぱいあるんでしょ？

その通り。重要《じゅうよう》な接続詞を紹介《しょうかい》するね。

①順接《じゅんせつ》（前の文⬇後の文）だから、そこで、すると
②逆接《ぎゃくせつ》（前の文⇕後の文）しかし、ところが、だが、でも
③言いかえ（前の文＝後の文）つまり、すなわち、要《よう》するに
④添加《てんか》（前の文＋後の文）そして、さらに
⑤並列《へいれつ》（前の文・後の文）また
⑥転換《てんかん》（話が変《か》わる）では、ところで、さて

うえー…いっぱいあるじゃん。これ、覚《おぼ》えなきゃダメ？

ダメ。でも、もういくつか知ってるじゃない。知らないのだけ頭の中に足していこう。

この中でも、特《とく》に大事な接続詞ってないの？

いい質問《しつもん》だね。「しかし」「つまり」が超《ちょう》重要。説明文で筆者の意見をつかむのに接続詞は大事な目印《めじるし》になるんだよ。

じゃあ、「しかし」「つまり」が出てきたら○印《じるし》を付《つ》けておいたほうがいい？

素晴《すば》らしい気づきだね。○印を付けていこう。

オッケー。

桃太郎劇場《ももたろうげきじょう》①

わかったらチェック！

- 接続詞の働きを覚える！
- 接続詞の前後の文のつながりをつかむ！
- 超重要接続詞「つまり」「しかし」には○印を付ける。

STEP 説明文《せつめいぶん》を読むためのウォーミングアップをしてみよう！

● 次の文章を読んで、後の問いに答えなさい。

1 テレビを見ていると、強盗《ごうとう》とか殺人《さつじん》などの事件《じけん》が起きた場所に、警察《けいさつ》犬がつれてこられ、地面をクンクンかいでいることがよくありますね。あれは、犯人《はんにん》の足跡《あしあと》をたどったり、犯人が投げすてたナイフなどをにおいで見つけているのです。犬の鼻は、実際《じっさい》、事件の犯人を見つけ出せるほど優《すぐ》れています。

2 わたしたち人間は、においをかぐという点では、まったく平凡《へいぼん》な生き物です。陸上《りくじょう》に住む多くのほ乳類《にゅうるい》の中でも、おそらく、もっとも鼻の弱い動物のひとつでしょう。象《ぞう》やライオン、ウシや馬などは、人間よりも優れた鼻をもっています。自然《しぜん》の中で生きていると、においによって水や食べものを見つけたり、敵《てき》が近づいてくることに気づくことも多いので、鼻はとても大切です。

3 それにくらべて、わたしたち人間は目で見ることが何よりも大切で、においをかぐ感覚《かんかく》(嗅覚《きゅうかく》)にそれほどたよっていません。人間は野生の状態《じょうたい》から進歩するにつれて、においをかぐ能力《のうりょく》をだんだん失《うしな》ってきたということもできます。しかし、おいしいごちそうのにおいがプーンとただよってくると、おなかがグーグー鳴りだしたり、ガスのにおいをかぐと「ガスくさい！」と気づいたり、リンゴとバナナのにおいを区別《くべつ》したり、くさったもののにおいをかいで顔をしかめることもあります。においがわからないというのでは決してありません。

4 人間の中でも、もっとも鼻のきく人だと、三千種類《しゅるい》くらいのにおいをかぎわけられるといわれています。香水《こうすい》を作ったり、ワインを検査《けんさ》したりする、においの専門家《せんもんか》の人々《ひとびと》がそうです。でも、わたしたちのように普通《ふつう》の人間は、それよりもずっとにおいをかぐ能力は低《ひく》いに

ウォーミングアップ

上の説明文を攻略《こうりゃく》するためにやってみよう。

◎接続詞《せつぞくし》に〇印《しるし》を付《つ》ける。

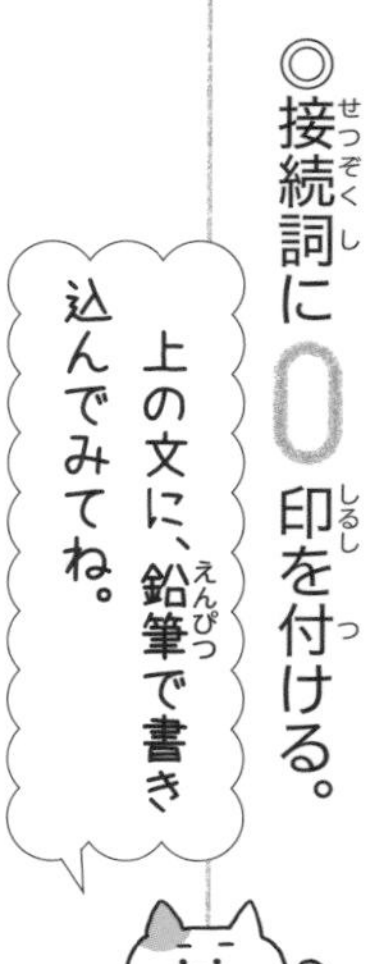
上の文に、鉛筆《えんぴつ》で書き込んでみてね。

ちがいありません。テーブルに置《お》かれたソースとしょうゆのにおいを区別することはできますが、コップの中の水のにおいまでかぎわけられるような人はあまりいません。

5 [A]、わたしたちがペットとして飼《か》っているイヌは、多くの動物の中でもにおいをかぐ専門家です。これまでの研究では、イヌの鼻をにおいの測定器《そくていき》で測《はか》ったところ、実に人間の百万倍から一億《いちおく》倍もあることがわかりました。まったく、すごい数字です。いったい、世の中に何種類《しゅるい》くらいのにおいがあるかわかりませんが、イヌは人間が感じているよりもはるかに多くのにおいをかぎとっているにちがいありません。

6 学者の説明《せつめい》によりますと、においを出す、ある物質《ぶっしつ》を空気中にばらまいた場合、人間なら学校の運動場くらいの広さにばらまいたときにおいを感じ取れるとしますと、イヌは、同じ量《りょう》の物質を大きな都市にうすめてばらまいても、においを感じ取ることができるそうです。

7 人間の百万倍の嗅覚といわれても、わたしたちにはなかなかピンときませんが、イヌの鼻はこのくらい優れているのです。

8 では、どうしてこれほど優れているのかといいますと、イヌの鼻の奥《おく》にある粘膜《ねんまく》にその秘《ひ》密《みつ》があります。人間でも、動物でも、においを感じ取るのは鼻の奥にある粘膜に空気中のにおいの分子がふれるからです。ここにはにおいを感じ取る細胞《さいぼう》（嗅覚細胞）がたくさん集まっています。[B]、この粘膜の面積《めんせき》を比較《ひかく》すると、人間はだいたい切手くらいの大きさなのに、イヌの場合はヒダのようになっているため、広げるとハンカチぐらいの大きさになるのです。ざっと人間の三〇～四〇倍です。また、嗅覚細胞の数をくらべると、人間の五百万個《こ》に対し、イヌは二億～三億個にもなります。イヌは、鼻の奥にある粘膜をできるだけ大きくするために、細長い大きな鼻をもっているということができます。

9 今から百年ほど前の一八八五年、ロマネスという学者は、イヌの嗅覚についておもしろい実験《じっけん》をしました。彼《かれ》は自分をふくめ十二人の人間を集め、全員が足跡を重ねるように歩いたあと、イヌがロマネスのにおいをかぎわけるかどうか調べてみようとしたのです。まず十二人の人間は一列に並《なら》び、前の人の足跡にきっちりと重なるように足を踏《ふ》んで歩き始めます。ロマネスは列の先頭にいます。そして、しばらく行ったところで六人ずつの二手にわかれ、別々《べつべつ》のコースをとります。イヌにはもちろん、人間の列が見えないようにしてあります。そして、元の場所からは完全《かんぜん》に見えなくなったところで、全員が身をかくし、いよいよイヌに足跡《あしあと》をつけさせました。［C］、イヌは十二人の男たちの足跡をたどって一直線に歩き、二手にわかれたところでちょっと立ち止まりました。でも、すぐにロマネスのいたグループのコースをたどり、簡単《かんたん》にかくれていたロマネスを見つけ出してしまったということです。

10　この実験《じっけん》から、イヌについて、二つのことがわかります。ひとつは、当たり前のことですが、イヌは人間の足跡を目で見るのではなく、においによって追っていくことができるということ。ロマネスの後ろには同じような足跡が重なっているのですから、イヌが足跡の形を見て追っていったとは考えられません。もうひとつは、イヌの嗅覚は、同じような十二人の人間の中から、一人の人間のにおいをかぎわけられるほど優《すぐ》れているということです。

11　ロマネスを追っていったイヌは、ロマネスのにおいだけを感じていたのではありません。他の十一人の人間のまぎらわしいにおいも一緒《いっしょ》にかいで、その中からロマネスのにおいを選《えら》んで、追っていったのです。

12　イヌの鼻のすばらしいところは、このようにただにおいを感じ取るだけでなく、いろいろなにおいをかぎわけ、それを覚《おぼ》えることができるという点にあります。警察犬《けいさつけん》が犯人《はんにん》を見つけるのも、このような能力《のうりょく》があるからです。事件現場《じけんげんば》に残《のこ》されたサンダルから、同じにおいのする人物をイヌは見つけることができます。わたしたちの飼《か》っているイヌも目で見るだけでなく、においでも主人を見つけることができるのです。

13　わたしたちは目で見る世界に生きていますが、イヌはまさに嗅覚の動物、においの世界に生きているということができます。

（伊藤政顕監修《いとうまさあきかんしゅう》、倉橋和彦《くらはしかずひこ》文「イヌ　わが家のにおいの専門家《せんもんか》」より）

※問題作成《さくせい》の都合上、文章を改編《かいへん》した部分がある。

ゴールの問題

問1 □A～Cにあてはまる語として適切《てきせつ》なものを後から選《えら》び、記号で答えなさい。

ア そして　**イ** つまり　**ウ** たとえば
エ すると　**オ** または　**カ** ところが

A □
B □
C □

（桃山学院《ももやまがくいん》中学校・２０１２年度（Ａ方式））

JUMP! 先生と一緒《いっしょ》に、もう一度問題文を読んでみよう！

次の文章を読んで、後の問いに答えなさい。

1 テレビを見ていると、強盗《ごうとう》とか殺人《さつじん》などの事件《じけん》が起きた場所に、警察犬《けいさつけん》がつれてこられ、地面をクンクンかいでいることがよくありますね。あれは、犯人《はんにん》の足跡《あしあと》をたどったり、犯人が投げすてたナイフなどをにおいで見つけているのです。犬の鼻は、実際《じっさい》、事件の犯人を見つけ出せるほど優《すぐ》れています。

2 わたしたち人間は、においをかぐという点では、まったく平凡《へいぼん》な生き物です。陸上《りくじょう》に住む多くのほ乳類《にゅうるい》の中でも、おそらく、もっとも鼻の弱い動物のひとつでしょう。象《ぞう》やライオン、ウシや馬などは、人間よりも優れた鼻をもっています。自然《しぜん》の中で生きていると、においによって水や食べものを見つけたり、敵《てき》が近づいてくることに気づくことも多いので、鼻はとても大切です。

3 それにくらべて、わたしたち人間は目で見ることが何よりも大切で、においをかぐ感覚《かんかく》（嗅覚《きゅうかく》）にそれほどたよっていません。人間は野生の状態《じょうたい》から進歩するにつれて、においをかぐ能力《のうりょく》をだんだん失《うしな》ってきたということもできます。しかし、おいしいごちそうのにおいがプーンとただよってくると、おなかがグーグー鳴りだしたり、ガスのにおいをかぐと「ガスくさい！」と気づいたり、リンゴとバナナのにおいを区別《くべつ》したり、くさったもののにおいをかいで顔をしかめることもあります。においがわからないというのでは決してありません。

4 人間の中でも、もっとも鼻のきく人だと、三千種類《しゅるい》くらいのにおいをかぎわけられるといわれています。香水《こうすい》を作ったり、ワインを検査《けんさ》したりする、においの専門家《せんもんか》の人々《ひとびと》がそうです。でも、わたしたちのように普通《ふつう》の人間は、それよりもずっとにおいをかぐ能力は低《ひく》いに

「しかし」があったよ！

どんな働《はたら》きだった？

前と逆《ぎゃく》？

そうそう、「しかし」があるから、逆のことがくるって予測《よそく》ができるでしょ。

人間は、においをかぐ能力《のうりょく》をだんだん失《うしな》ったけど、においがわからないのではないと書いてあるから、逆だね。

「でも」発見！「しかし」の仲間《なかま》でしょ。

すごいね。じゃあ、「でも」「しかし」の仲間をもっと言える？

「だが」「けれども」「〜が、」「ところが」でしょ。

逆接《ぎゃくせつ》マスターだね！

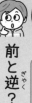

ちがいありません。テーブルに置《お》かれたソースとしょうゆのにおいを区別することはできますが、コップの中の水のにおいまでかぎわけられるような人はあまりいません。

5 [A]、わたしたちがペットとして飼《か》っているイヌは、多くの動物の中でもにおいをかぐ専門家です。これまでの研究では、イヌの鼻をにおいの測定器《そくていき》で測《はか》ったところ、実に人間の百万倍から一億《いちおく》倍もあることがわかりました。まったく、すごい数字です。いったい、世の中に何種類《しゅるい》くらいのにおいがあるかわかりませんが、イヌは人間が感じているよりもはるかに多くのにおいをかぎとっているにちがいありません。

6 学者の説明《せつめい》によりますと、においを出す、ある物質《ぶっしつ》を空気中にばらまいた場合、人間なら学校の運動場くらいの広さにばらまいたときにおいを感じ取れるとしますと、イヌは、同じ量《りょう》の物質を大きな都市にうすめてばらまいても、においを感じ取ることができるそうです。

7 人間の百万倍の嗅覚といわれても、わたしたちにはなかなかピンときませんが、イヌの鼻はこのくらい優れているのです。

8 では、どうしてこれほど優れているのかといいますと、イヌの鼻の奥《おく》にある粘膜《ねんまく》にその秘《ひ》密《みつ》があります。人間でも、動物でも、においを感じ取るのは鼻の奥にある粘膜に空気中のにおいの分子がふれるからです。ここにはにおいを感じ取る細胞《さいぼう》（嗅覚細胞）がたくさん集まっています。[B]、この粘膜の面積《めんせき》を比較《ひかく》すると、人間はだいたい切手くらいの大きさなのに、イヌの場合はヒダのようになっているため、広げるとハンカチぐらいの大きさになるのです。ざっと人間の三〇〜四〇倍です。また、嗅覚細胞の数をくらべると、人間の五百万個《こ》に対し、イヌは二億〜三億個にもなります。イヌは、鼻の奥にある粘膜をできるだけ大きくするために、細長い大きな鼻をもっているということができます。

9 今から百年ほど前の一八八五年、ロマネスという学者は、イヌの嗅覚についておもしろい実験《じっけん》をしました。彼《かれ》は自分をふくめ十二人の人間を集め、全員が足跡を重ねるように歩いたあと、イヌがロマネスのにおいをかぎわけるかどうか調べてみようとしたのです。まず十二人の人間は一列に並《なら》び、前の人の足跡にきっちりと重なるように足を踏《ふ》んで歩き始めます。ロマネスは列の先頭にいます。そして、しばらく行ったところで六人ずつの二手にわかれ、

「では」があったよ！

どんな働きだった？

話題が変《か》わるの？

そうそう、「では」があるから、話題が変わるって予測して読むんだよ。

イヌの鼻は優《すぐ》れているって話から、なぜ優れているのかに話題が変わってた。

こんなふうに接続詞《せつぞくし》を見たら、次にどんなことが書かれているのか、予測しながら読めるよ。

「また」があるから、その前と後ろに対等の内容《ないよう》が並《なら》んでるよね？

イヌの粘膜《ねんまく》の面積《めんせき》の大きさと嗅覚細《きゅうかくさい》胞《ぼう》の数が書いてある。

そうだよ。

そうそう、「また」が書いてあったら、２つのことが並べてあるってことがわかるんだよ。

別々《べつべつ》のコースをとります。イヌにはもちろん、人間の列が見えないようにしてあります。そして、元の場所からは完全《かんぜん》に見えなくなったところで、全員が身をかくし、いよいよイヌに足跡《あしあと》をつけさせました。［C］、イヌは十二人の男たちの足跡をたどって一直線に歩き、二手にわかれたところでちょっと立ち止まりました。でも、すぐにロマネスのいたグループのコースをたどり、簡単《かんたん》にかくれていたロマネスを見つけ出してしまったということです。

10 この実験《じっけん》から、イヌについて、二つのことがわかります。ひとつは、当たり前のことですが、イヌは人間の足跡を目で見るのではなく、においによって追っていくことができるということ。ロマネスの後ろには同じような足跡が重なっているのですから、イヌが足跡の形を見て追っていったとは考えられません。もうひとつは、イヌの嗅覚は、同じような十二人の人間の中から、一人の人間のにおいをかぎわけられるほど優《すぐ》れているということです。

11 ロマネスを追っていったイヌは、ロマネスのにおいだけを感じていたのではありません。他の十一人の人間のまぎらわしいにおいも一緒《いっしょ》にかいで、その中からロマネスのにおいを選《えら》んで、追っていったのです。

12 イヌの鼻のすばらしいところは、このようにただにおいを感じ取るだけでなく、いろいろなにおいをかぎわけ、それを覚《おぼ》えることができるという点にあります。警察犬《けいさつけん》が犯人《はんにん》を見つけるのも、このような能力《のうりょく》があるからです。事件現場《じけんげんば》に残《のこ》されたサンダルから、同じにおいのする人物をイヌは見つけることができます。わたしたちの飼《か》っているイヌも目で見るだけでなく、においでも主人を見つけることができるのです。

13 わたしたちは目で見る世界に生きていますが、イヌはまさに嗅覚の動物、においの世界に生きているということができます。

（伊藤政顕《いとうまさあき》監修《かんしゅう》、倉橋和彦《くらはしかずひこ》文「イヌ　わが家のにおいの専門家《せんもんか》」より）

※問題作成《さくせい》の都合上、文章を改編《かいへん》した部分がある。

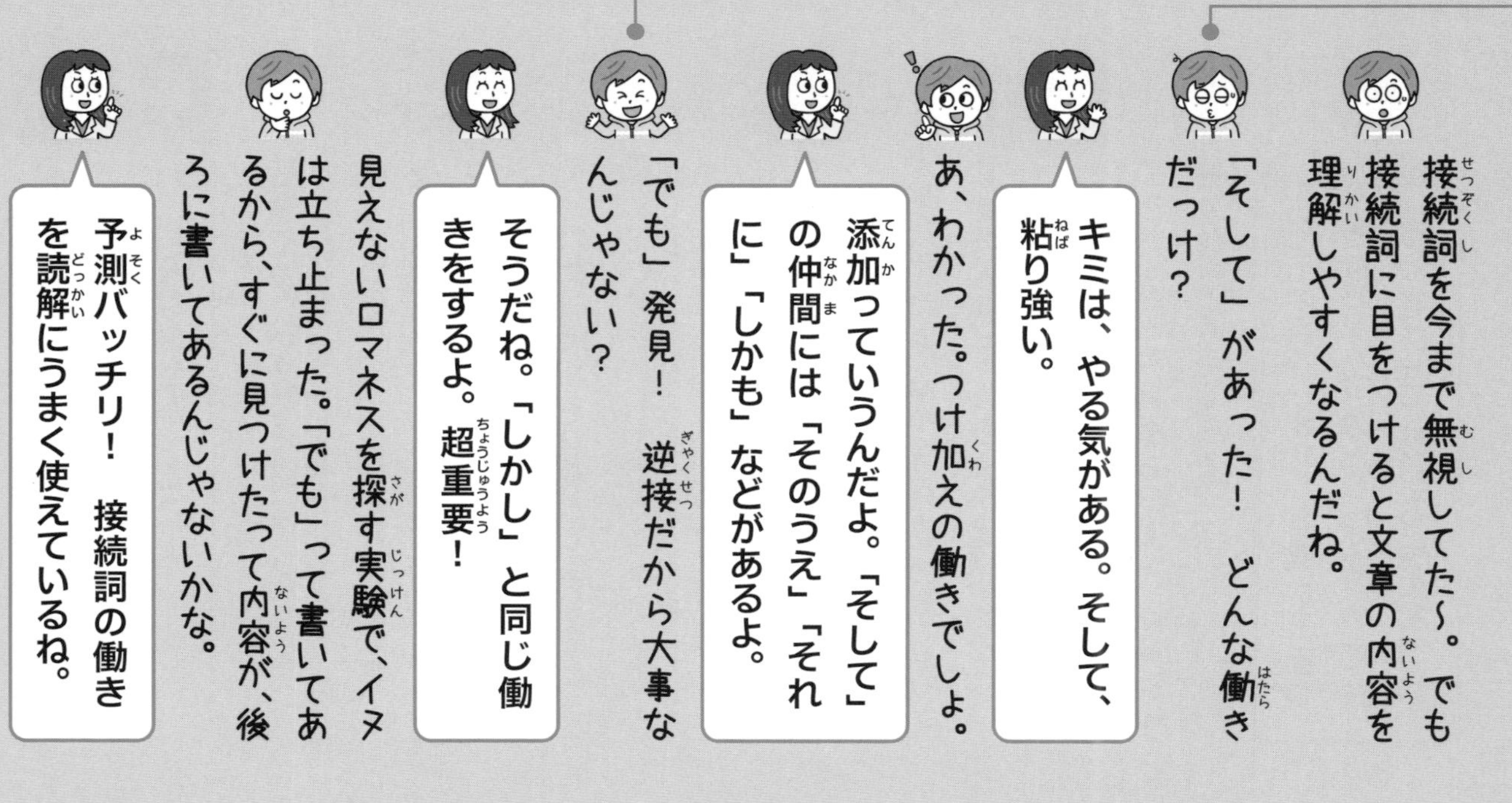

接続詞《せつぞくし》を今まで無視《むし》してた〜。でも接続詞に目をつけると文章の内容《ないよう》を理解《りかい》しやすくなるんだね。

「そして」があった！　どんな働《はたら》きだっけ？

キミは、やる気がある。そして、粘《ねば》り強い。

あ、わかった。つけ加《くわ》えの働きでしょ。

添加《てんか》っていうんだよ。「そして」の仲間《なかま》には「そのうえ」「それに」「しかも」などがあるよ。

「でも」発見！　逆接《ぎゃくせつ》だから大事なんじゃない？

そうだね。「しかし」と同じ働きをするよ。超重要《ちょうじゅうよう》！

見えないロマネスを探《さが》す実験《じっけん》で、イヌは立ち止まった。「でも」って書いてあるから、すぐに見つけたって内容《ないよう》が、後ろに書いてあるんじゃないかな。

予測《よそく》バッチリ！　接続詞の働きを読解《どっかい》にうまく使えているね。

ゴールの問題

問1 □A〜Cにあてはまる語として適切《てきせつ》なものを後から選《えら》び、記号で答えなさい。

ア そして　**イ** つまり　**ウ** たとえば
エ すると　**オ** または　**カ** ところが

A カ
B ア
C エ

（桃山学院《ももやまがくいん》中学校・２０１２年度（Ａ方式））

それぞれの働きを確認しよう。

ア そして
添加（前の文＋後の文）

イ つまり
言いかえ（前の文＝後の文）

ウ たとえば
例示（前の文……後の文）

エ すると
順接（前の文➡後の文）

オ または
選択（前？　後？）

カ ところが
逆接（前の文⇔後の文）

うへ〜。わかんな〜い。解《と》き方教えて。

□の前後のつながりをつかむのが解き方のポイントだよ。

えっと…。Aの前には、普通《ふつう》の人間はにおいをそんなにかぎわけられないことが書いてあるけど、Aの後には、イヌはにおいをかぐ専門家《せんもんか》だと書いてあるよ。

その通り。答えは、前の内容《ないよう》と逆の内容を続《つづ》ける「カ　ところが」が入るね。

なるほど〜。じゃあさ、Bは？

Bは、前に粘膜《ねんまく》や細胞《さいぼう》のことが書いてあって、その後で、これらの大きさや数について、述《の》べられているね。ということは、前の内容に後の内容をつけ加《くわ》えているということだね。

それじゃあ、Bにはつけ加える働きの「ア　そして」が入るの？

よくできました！　そうです、つけ加える働きをする「ア　そして」が入るよ。

接続詞《せつぞくし》で遊ぼう！

「しかし」、「つまり」、「たとえば」を使って、小話を作ろう。

そうやって解《と》いていくのか～。だんだんわかってきたよ。Cは、Cの前に実験《じっけん》の内容《ないよう》が書かれていて、Cの後にその結果《けっか》が書いてあるよ。ということは、答えはエ？

正解《せいかい》！「エ　すると」は順接《じゅんせつ》の働《はたら》きをするんだよ。

□の前後のつながりをつかんで解く、解き方がわかったよ！

解答例《かいとうれい》

桃太郎《ももたろう》の最近《さいきん》の茶飲み友達《ともだち》のばあさんは、ちょっと変《へん》だ。たとえばほうきを持って黒い服を着て猫《ねこ》を連《つ》れている。つまり魔女《まじょ》。しかし桃太郎《ももたろう》はわかっていない。桃太郎《ももたろう》よりずっと強いぞ。

02

準備2 指示語《しじご》

今回のポイント

問題を解《と》くとき、傍線部《ぼうせんぶ》に指示語があったら要注意《ようちゅうい》！ ヒントになることは確実《かくじつ》。指示語を見つけて得点源《とくてんげん》にしよう。

HOP 指示語は原則《げんそく》、直前を見る！

先生、昨日《きのう》おかあさんの誕生日《たんじょうび》だったんだ。だからね、折《お》り紙のお花をプレゼントしたんだ。折り紙のお花をいろんな色で折って、折り紙のお花の花束《はなたば》をつくったんだ。お母さんは、折り紙のお花をとっても喜《よろこ》んでくれたよ。

何回「折り紙のお花」ってくり返してんのよ。いいことを教えてあげよう。くり返しを避《さ》ける言葉があるんだよ。その名も指示語。

指示語？ 早く教えて。

折り紙のお花を2回目から「それ」に言いかえてごらん。

昨日おかあさんの誕生日だったんだ。だからね、折り紙のお花をプレゼントしたんだ。それをいろんな色で折って、それの花束をつくったんだ。お母さんは、それをとっても喜んでくれたよ。

指示語を使うと何回もくり返さなくてすむんだよ。文章もすっきりしたでしょ？

指示語って、くり返しを避《さ》ける便利《べんり》な言葉だね！ 1回折り紙のお花って言ったら次からは指示語にかえたらいいんだね。

「桃太郎劇場《ももたろうげきじょう》」を見てごらん。

キャハハ。おじいさんは自分では鎌《かま》のことってわかってるけど、口に出してないからおばあさんにはそれが何を指してるのかわからないよね。

そう。指示語は、一度出てきたことをくり返さないために使うの。おじいさんみたいに初《はじ》めから使ったらダメだね。

指示語って一つしかないの？

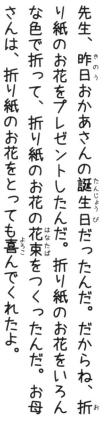

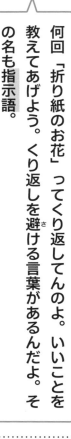

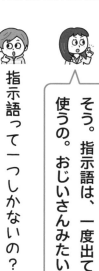

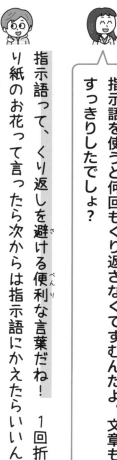

もっとたくさんあるよ。下の表を見て。

げ。こんなにあるんだ。全部覚《おぼ》えなきゃダメ？

そう言われると思って、よく問題に出てくる指示語に○を付《つ》けておいたよ。

さすが先生！

下の表にあるのが代表的《てき》な指示語だよ。

え～じゃあほかにもあるの？

これ以外《いがい》にも、指示語がほかの言葉とくっついた「このように」「こうした」などのまとめの指示語があるよ。その後がまとめになっているから大事な指示語なんだよ。

よく見るやつだね。うしろがまとめになるのか。超重要！

物事	（これ）	（それ）	あれ	どれ
場所	ここ	そこ	あそこ	どこ
方向	こちら こっち	そちら そっち	あちら あっち	どちら どっち
様子	こう こんな	そう そんな	ああ あんな	どう どんな
その他	（この）	（その）	あの	どの

桃太郎劇場《ももたろうげきじょう》②

ばあさん、それとって
・・・
それ、じゃわからん
ガルルルル
ササササササ

わかったらチェック！

- 指示語はくり返しを避ける言葉。
- 指示語が指す内容は原則《げんそく》指示語の直前！
- 指示語は問題を解く大ヒントになる。

STEP

説明文《せつめいぶん》を読む前のウォーミングアップをしてみよう！

● 次の文章を読んで、後の問いに答えなさい。

私《わたし》は*ラッシュアワーに差《さ》しかかった駅のプラットホームを歩いている。「危《あぶ》ないですから、黄色い線の内側《うちがわ》にお下がりください」と放送が流れている。私は肩《かた》から鞄《かばん》をかけ、片手《かたて》に*白杖《はくじょう》を持ち、ホームの隅《すみ》っこに敷《し》いてある誘導《ゆうどう》ブロックを足で探《さぐ》りながら歩いている。

ご存《ぞん》じのように、これは点字ブロックと呼《よ》ばれていて、私《わたし》たち視覚障害者《しかくしょうがいしゃ》が線路に落ちないための道しるべである。放送でいう「黄色い線」はこの点字ブロックのことだ。それは健《けん》常者《じょうしゃ》にとっては「黄色い危険《きけん》ライン」かもしれないが、私《わたし》たちにとっては「生死を分ける」道だ。あえて*うがった見方をすれば、私《わたし》たちは皆《みな》さんが危険《きけん》ゾーンと放送で聞いている「黄色い線」を「道」として、線路という死の恐怖《きょうふ》と隣《とな》り合わせで歩いているとも言えるのである。

ところが、その「黄色い線」が何のためにあるかを放送している場面には、少なくともこれまでは、ただの一度も出くわしたことがない。最近《さいきん》は、関西《かんさい》を中心にこの「黄色い線」は目の見えない人のための道です、といった放送を試《こころ》みてくださっている路線が出てきたというわさを聞いたりする。でも首都圏《しゅとけん》の主要《しゅよう》路線では、こんな放送はまず耳にしない気がする。ひどいところになると、その黄色い線を無視《むし》して、「白線の内側《うちがわ》にお下がりください」と放送する始末《しまつ》だ。これでは、あの黄色い線の影《かげ》は薄《うす》れ、それを頼《たよ》りに歩む私《わたし》たちはさらに肩身《かたみ》が狭《せま》くなってしまうのだ。

では、その黄色い道でどんなことが起こっているかというと、この道の存在《そんざい》を知らない人々《ひとびと》が、何の気なしにそこに立って電車を待ったり、大きな荷物をドッシリと据《す》えてしまうのだ。そして、白杖《はくじょう》でそれを探《さぐ》り切れないとき、私《わたし》たちはまともにその人の体や荷物に体当たりする

ウォーミングアップ

上の説明文《せつめいぶん》を攻略《こうりゃく》するためにやってみよう。

◎指示語《しじご》に〇印《しるし》を付《つ》ける。

上の文に、鉛筆《えんぴつ》で書き込《こ》んでみてね。

ラッシュアワー
通勤《つうきん》・通学者のために交通機関《きかん》が混雑《こんざつ》する朝夕の時間。

白杖
目の不《ふ》自由な人が外を歩くときに使う白色のつえ。

うがつ
ものごとの表面にあらわれていないたいせつなところまできちんと、とらえる。

はめになる。「すみません」と声を出す間もなく、ぶつかられた人が逆《ぎゃく》切れしていきなり私《わたし》を殴《なぐ》りつけたこともあるし、*向こう脛《ずね》を思い切り蹴飛《けと》ばされたこともある。【ア】

ときには、点字ブロックの目的《もくてき》を知りながら、「来たらよけるよ」と言わんばかりにそこに立ってたばこを吹《ふ》かしている人もいる。私がぶつかってしまった後で、「あ、そっか。いけないよなあ」などと、まるでよそごとのようにつぶやいたりする。彼《かれ》らには、そこに立つことが何を意味しているかが、まったくぴんと来ていないらしい。

もしもふとしたはずみで、私《わたし》や私《わたし》がぶつかった人が線路に落ちて、そこに電車が入ってきたらどうなるだろう。ホームの端《はし》で人とまともにぶつかるということは、お互《たが》いに命がけなのだ。「来たらよければいい」のではなく、「いつ来てもいいようによけておく」でなければ、お互《たが》いに命がいくつあっても足りはしない。【イ】

このごろは、線路に落ちる健常者《けんじょうしゃ》も増《ふ》えているし、私《わたし》たちの*同胞《どうほう》のほぼ二人に一人は線路に落ちた経験《けいけん》があるほどだ。数人の*視障者《ししょう》がこの*修羅場《しゅらば》で命を落とした年もあったと聞いている。前に東京の新大久保《しんおおくぼ》駅で三人の方が命を落とされたというニュースが全国を駆《か》け巡《めぐ》ったことがあるけれど、私《わたし》たち目の見えない者にとって、転落はニュースではなく「日常《にちじょう》」なのである。

そんなわけで私《わたし》は、駅の放送で、ひと言でもいいから私《わたし》たちの存在《そんざい》をアピールしてくれたなら、と何度悔《くや》しい思いをしたか分からない。車内で携帯《けいたい》電話を使わないように、と注意するときには医療機器《いりょうきき》のことにしっかりふれている。【ウ】

ぼやきついでに、点字ブロックそのものの敷《し》き方も、ずいぶんひどいところがある。広い*コンコースなどを横切るとき、みんな斜《なな》めに歩いているのに、点字ブロックはコーナーを直角に曲がって人の列を突《つ》っ切って歩く造《つく》りになっていたりするのだ。宝塚《たからづか》の廊下《ろうか》じゃあるまいし、いきなり直角に方向転換《ほうこうてんかん》してコンコースを横切る人はそういないだろう。こんなふうに、ブロックを伝《つた》って歩く人のことをなんにも考えずにつけたとしか思えないものもある。これも、「惜《お》しい」ものの一つと言えよう。【エ】

ときどき、「点字ブロックは車椅子《くるまいす》やベビーカーの走行にじゃまです」と言う人がいる。け

向こう脛《ずね》を蹴飛《けと》ばす
「向こう脛《ずね》」はすね（ひざと足首の間）の前面。ここを蹴飛《けと》ばされるとひどく痛《いた》むことから、「痛《いた》いところをつく」という意味にも使われる。

同胞《どうほう》
兄弟姉妹。同じ国の人。同じ民族《みんぞく》。

視障者《ししょう》
目に障害《しょうがい》のある人。

修羅場《しゅらば》
激《はげ》しい戦《たたか》いや争《あらそ》いの悲惨《ひさん》な場所。

コンコース
公園などの中央広場。駅・空港などの中央にある、通路をかねた広い場所。

れど、これは私《わたし》たちの命の綱《つな》なのだから、そう言われるとどうも困《こま》ってしまう。みんなお互《たが》いにゆずりあいながら道行きをしているのだから。点字ブロックからは離《はな》れるけれど、たとえば電車の入り口に止められた車椅子《くるまいす》やベビーカーにぶつかってけがをする視覚障害者《しかくしょうがいしゃ》だっているのである。現《げん》に私《わたし》も、電車の入り口にベビーカーが止められていて、それを押《お》している人が声を発しなかったために、まともにぶつかって「流血の惨事《さんじ》」に見舞《みま》われたことが何度かある。でも、もっとも、人一倍おっちょこちょいの私《わたし》だから、もちろん不《ふ》注意も多々《たた》あることだろう。でも、ここでひと声あれば、そんな事故《じこ》は防《ふせ》げるのだ。

私《わたし》たちも、白杖に皆《みな》さんが躓《つまず》いたりしないよう、探《さぐ》りたいところも遠慮《えんりょ》するなど細心の注意を払《はら》って歩いている。まさに、お互《たが》い様なのだ。だからこそ思うのだが、車椅子《くるまいす》やベビーカー、あるいは網棚《あみだな》におけない大きな荷物などを通路におくのなら、周《まわ》りに目を配り、同じように難《なん》路《ろ》を歩むみんなに「すみません」とひと言声をかけるのも、自然《しぜん》なマナーと言えまいか。そしてこうした思いやりの交換《こうかん》は、くしくも物づくりの発想の根幹《こんかん》に関《かか》わる、大変重要《たいへんじゅうよう》なテーマなのではないか、という気がするのである。

どんなものでも、作る人はそれが生かされる場面を想定し、生かす人は*普及《ふきゅう》やマナーの実行を通じて、それらのものに自分のこととしてしっかり関《かか》わるという発想をもつ。その発想こそが、*バリアフリーや*ユニバーサルデザインの考え方を、美しいカタカナ言葉から美しい社会*哲《てつ》学《がく》に変身《へんしん》させるカギではないだろうか。

（三宮麻由子《まゆこ》「目を閉《と》じて心開いて」より）

普及《ふきゅう》
広く行きわたること。

バリアフリー
高齢者《こうれいしゃ》や障害者《しょうがいしゃ》の日常《にちじょう》生活に妨《さまた》げとなる障害《しょうがい》を取り除《のぞ》くこと。

ユニバーサルデザイン
障害《しょうがい》や能力《のうりょく》を問わずに利用《りよう》することができる製品《せいひん》や情報《じょうほう》のこと。

哲学《てつがく》
世界や人生など、ものごとの、おおもとのわけや、理くつを研究する学問。

ゴールの問題

問1 ――線「こんな放送」とは、どんな放送を指していますか。文章中から30字で探《さが》し、その初《はじ》めと終わりの5字を答えなさい（「」も1字に数えます）。

初《はじ》め ▼ □□□□□

終わり ▼ □□□□□

問2 この文章には、次の一文がぬけています。話の展開《てんかい》から考えて、【ア】～【エ】のどの部分に入りますか。記号で答えなさい。

・それと同じように、「白線の内側《うちがわ》に」と言うとき、点字ブロックのことにもふれていただけたらと思う。

□

（帝《て》塚《づか》山《やま》学《が》院《くいん》中学校・２０１５年度）

JUMP! 先生と一緒《いっしょ》に、もう一度問題文を読んでみよう！

● 次の文章を読んで、後の問いに答えなさい。

　私《わたし》はラッシュアワーに差《さ》しかかった駅のプラットホームを歩いている。「危《あぶ》ないですから、黄色い線の内側《うちがわ》にお下がりください」と放送が流れている。私は肩《かた》から鞄《かばん》をかけ、片手《かたて》に白杖《はくじょう》を持ち、ホームの隅《すみ》っこに敷《し》いてある誘導《ゆうどう》ブロックを足で探《さぐ》りながら歩いている。

　ご存《ぞん》じのように、これは点字ブロックと呼《よ》ばれていて、私《わたし》たち視覚障害者《しかくしょうがいしゃ》が線路に落ちないための道しるべである。放送でいう「黄色い線」はこの点字ブロックのことだ。それは健常者《けんじょうしゃ》にとっては「黄色い危険《きけん》ライン」かもしれないが、私《わたし》たちにとっては「生死を分ける」道だ。あえてうがった見方をすれば、私《わたし》たちは皆《みな》さんが危険《きけん》ゾーンと放送で聞いている「黄色い線」を「道」として、線路という死の恐怖《きょうふ》と隣《とな》り合わせで歩いているとも言えるのである。

　ところが、その「黄色い線」が何のためにあるかを放送している場面には、少なくともこれまでは、ただの一度も出くわしたことがない。最近《さいきん》は、関西《かんさい》を中心にこの「黄色い線」は目の見えない人のための道です、といった放送を試《こころ》みてくださっている路線が出てきたというわさを聞いたりする。でも首都圏《しゅとけん》の主要《しゅよう》路線では、こんな放送はまず耳にしない気がする。ひどいところになると、その黄色い線を無視《むし》して、「白線の内側《うちがわ》にお下がりください」と放送する始末《しまつ》だ。これでは、あの黄色い線の影《かげ》は薄《うす》れ、それを頼《たよ》りに歩む私《わたし》たちはさらに肩身《かたみ》が狭《せま》くなってしまうのだ。

　では、その黄色い道でどんなことが起こっているかというと、この道の存在《そんざい》を知らない人々《ひとびと》が、何の気なしにそこに立って電車を待ったり、大きな荷物をドッシリと据《す》えてしまうのだ。そして、白杖《はくじょう》でそれを探《さぐ》り切れないとき、私《わたし》たちはまともにその人の体や荷物に体当たりする

げげげげ。先生、指示語《しじご》がたくさんあったよ。

注意してみると、たくさんあるでしょう。

いちいち指示語《しじご》に◯印《じるし》をつけながら読まなきゃダメなの？

ふだんは、そんなことないよ。今回は指示語《しじご》に気をつけてもらうためにやったんだよ。どんな指示語《しじご》がたくさん出てきた？

先生が、27ページで◯印《じるし》をつけて、大事って教えてくれた指示語《しじご》がたくさん出てきたよ。

たとえば？

はめになる。「すみません」と声を出す間もなく、ぶつかられた人が逆《ぎゃく》切れしていきなり私《わたし》を殴《なぐ》りつけたこともあるし、向こう脛《ずね》を思い切り蹴飛《けと》ばされたこともある。【ア】

ときには、点字ブロックの目的《もくてき》を知りながら、「来たらよけるよ」と言わんばかりにそこに立ってたばこを吹《ふ》かしている人もいる。私がぶつかってしまった後で、「あ、そっか。いけないよなあ」などと、まるでよそごとのようにつぶやいたりする。彼《かれ》らには、そこに立つことが何を意味しているかが、まったくぴんと来ていないらしい。

もしもふとしたはずみで、私《わたし》や私《わたし》がぶつかった人が線路に落ちて、そこに電車が入ってきたらどうなるだろう。ホームの端《はし》で人とまともにぶつかるということは、お互《たが》いに命がけなのだ。「来たらよければいい」のではなく、「いつ来てもいいようによけておく」でなければ、お互《たが》いに命がいくつあっても足りはしない。【イ】

このごろは、線路に落ちる健常者《けんじょうしゃ》も増《ふ》えているし、私《わたし》たちの同胞《どうほう》のほぼ二人に一人は線路に落ちた経験《けいけん》があるほどだ。数人の視障《ししょう》者がこの修羅場《しゅらば》で命を落とした年もあったと聞いている。前に東京の新大久保《しんおおくぼ》駅で三人の方が命を落とされたというニュースが全国を駆《か》け巡《めぐ》ったことがあるけれど、私《わたし》たち目の見えない者にとって、転落はニュースではなく「日常《にちじょう》」なのである。

そんなわけで私《わたし》は、駅の放送で、ひと言でもいいから私《わたし》たちの存在《そんざい》をアピールしてくれたなら、と何度悔《く》やしい思いをしたか分からない。車内で携帯《けいたい》電話を使わないように、と注意するときには医療機器《いりょうきき》のことにしっかりふれている。【ウ】

ぼやきついでに、点字ブロックそのものの敷《し》き方も、ずいぶんひどいところがある。広いコンコースなどを横切るとき、みんな斜《なな》めに歩いているのに、点字ブロックはコーナーを直角に曲がって人の列を突《つ》っ切って歩く造《つく》りになっていたりするのだ。宝塚《たからづか》の廊下《ろうか》じゃあるまいし、いきなり直角に方向転換《ほうこうてんかん》してコンコースを横切る人はそういないだろう。こんなふうに、ブロックを伝《つた》って歩く人のことをなんにも考えずにつけたとしか思えないものもある。これも、「惜《お》しい」ものの一つと言えよう。【エ】

ときどき、「点字ブロックは車椅子《くるまいす》やベビーカーの走行にじゃまです」と言う人がいる。け

「これ」「それ」「この」「その」。

ね？ 先生が教えた指示語《しじご》が、よく出てくるでしょう！

さすが先生！

「そっか」「このごろ」「こんなふうに」「こうした」も指示語《しじご》なの？

見落とされがちだけど、そうなんだよ。「こんなふうに」「こうした」は超重要《ちょうじゅうよう》で、まとめの指示語《しじご》っていうんだよ。

まとめの指示語《しじご》？ なんだそれ？？

前に書いてあることを、まとめるんだよ。

へ〜。

この文章には出てこないけど、「このように」もまとめの指示《しじ》語。重要《じゅうよう》だよ。

れど、これは私《わたし》たちの命の綱《つな》なのだから。みんなお互《たが》いにゆずりあいながら道行きをしているのだから。そう言われるとどうも困《こま》ってしまう。点字ブロックからは離《はな》れるけれど、たとえば電車の入り口に止められた車椅子《くるまいす》やベビーカーにぶつかってけがをする視覚障害者《しかくしょうがいしゃ》だっているのである。現《げん》に私《わたし》も、電車の入り口にベビーカーが止められていて、それを押《お》している人が声を発しなかったために、まともにぶつかって「流血の惨事《さんじ》」に見舞《みま》われたことが何度かある。もっとも、人一倍おっちょこちょいの私《わたし》だから、もちろん不《ふ》注意も多々《たた》あることだろう。でも、ここでひと声あれば、そんな事故《じこ》は防《ふせ》げるのだ。

私《わたし》たちも、白杖に皆《みな》さんが躓《つまず》いたりしないよう、探《さぐ》りたいところも遠慮《えんりょ》するなど細心の注意を払《はら》って歩いている。まさに、お互《たが》い様なのだ。だからこそ思うのだが、車椅子《くるまいす》やベビーカー、あるいは網棚《あみだな》におけない大きな荷物などを通路におくのなら、周《まわ》りに目を配り、同じように難《なん》路《ろ》を歩むみんなに「すみません」とひと言声をかけるのも、自然《しぜん》なマナーと言えまいか。そしてこうした思いやりの交換《こうかん》は、くしくも物づくりの発想の根幹《こんかん》に関《かか》わる、大変重要《たいへんじゅうよう》なテーマなのではないか、という気がするのである。

どんなものでも、作る人はそれが生かされる場面を想定し、生かす人は普及《ふきゅう》やマナーの実行を通じて、それらのものに自分のこととしてしっかり関《かか》わるという発想をもつ。その発想こそが、バリアフリーやユニバーサルデザインの考え方を、美しいカタカナ言葉から美しい社会哲《てつ》学《がく》に変身《へんしん》させるカギではないだろうか。

（三宮麻由子《まゆこ》「目を閉《と》じて心開いて」より）

ゴールの問題

問1　——線「こんな放送」とは、どんな放送を指していますか。文章中から30字で探《さが》し、その初《はじ》めと終わりの5字を答えなさい（「」も1字に数えます）。

そっか。じゃあ、「このように」が出てきたら◯印《じるし》をつけるね。

そうしてね！「このように」の後には、まとめがくるから超《ちょう》重要《じゅうよう》！

問1の「こんな放送」ってどんな放送なのか、わかった？

しらん。でも「こんな」が指示語《しじご》ってことだけはわかったよ。

じゃあさ、指示語《しじご》の解《と》き方を教えるね。3ステップで解《と》けるよ。
①指示語《しじご》を含《ふく》む一文を読む。
②直前→もう少し前を探《さが》す。
③指示語《しじご》に当てはめチェック。

ああ、じゃあ答えはすぐにわかった！　——線のすぐ前を見たら答えがあったよ。

問2　この文章には、次の一文がぬけています。話の展開《てんかい》から考えて、【ア】～【エ】のどの部分に入りますか。記号で答えなさい。

・それと同じように、「白線の内側《うちがわ》に」と言うとき、点字ブロックのことにもふれていただけたらと思う。

（帝塚山学院中学校《てづかやまがくいんちゅうがっこう》・２０１５年度）

ウ

初《はじ》め▼ この「黄色

終わり▼ いった放送

指示語の解き方

①指示語を含《ふく》む一文を読み、指す内容を考える。
（例）それは、苦い食べ物だった。

②直前を探す
←もう少し前

苦い食べ物を探しにいくんだよ。

③指示語に当てはめて、意味が通るか確認する。
（例）それは、苦い食べ物だった。
←○ゴーヤ
×ケーキ

「どんな放送」って問われているから、「～放送」のところが答えになるね。

ふ～ん、お尻の言葉にそろえるんだね。

次は問2。ぬけている文の最初《さいしょ》に「それ」があるよ。

え、これも指示語《しじご》の問題？「それ」に着目したら解《と》けるの？

そうだよ。指示語《しじご》がヒントになる問題って、多いんだよ。さっきの3ステップで考えてみてね。

①ぬけている文を読んでみて、②「それ」が何を指しているのかア～エの直前を見て、③「それ」に当てはめて、つながるところを探《さが》したよ。答えは、ウ。

指示語博士《しじごはかせ》になったね！

第2章

説明文攻略のワザ

01

ワザ1 重要語句《じゅうようごく》

何回出てくんのよ

今回のポイント

くり返し出てくる言葉に目を付《つ》けるといいことがあるよ。その言葉をみると、何について書かれた文章なのか、話題がわかるよ。話題をつかめ！

HOP くり返し出てくる言葉に目を付けよう！

先生、今日何やんの？

今日から、読解《どっかい》のワザに足をつっこんでいくよ。

げ。とうとうきたか…。

それじゃあ、「桃太郎劇場《ももたろうげきじょう》」からいこうか。

うんうん、マンガからにしよう。

「桃太郎劇場」で、どんなことが話題になってた？

簡単《かんたん》！　もちろん鬼《おに》についてだよ！

なんで話題が鬼だってわかったの？

だって話の中に何度もくり返し出てきたもの。

そう。何度もくり返し出てくる言葉を重要語句って言うんだよ。話題を示《しめ》す言葉でもあるね。この場合は鬼がそう。

そっか、話題だったら何度も出てきて当然《とうぜん》だよね。じゃあ、見つけたら〇印でも付《つ》けとく？

先に言われちゃったね。何回も出てくる言葉は重要。だから、〇印を付けておこう。そうやって重要語句を見つけると、何についての話なのかがわかって、その先が読みやすくなるんだよ。

「ワザ1・重要語句」

筆者《ひっしゃ》が自分の意見を強調するために使う7つのワザ（11ページ）の一つだよ。

ワザ!?　使ってみたいな。でもさ、たとえば5回同じ言葉が出てきたら、5回とも〇印《じるし》を付《つ》けるの？

最初《さいしょ》の1回だけでいいよ。

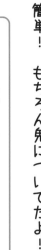

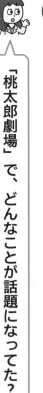

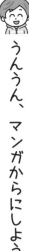

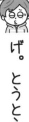

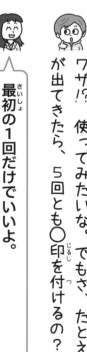

桃太郎劇場《ももたろうげきじょう》③

めっちゃ強い鬼
めっちゃでかい鬼
すごい武器を持っている鬼
鬼…コワイ
ブルブル
ブルブル

1回しか出てこないけど、大事な言葉って可能性《かのうせい》はないの？

ある。

あるんかーい。もうわからなくなってきたよ。何度も出てくる言葉が大事だって先生、言ったじゃん。

何事にも例外《れいがい》はあるのじゃ。

せめて、見分け方とかないの？

一言でまとめられているような言葉なんだよ。

まとめ？

この説明文《せつめいぶん》をだれかに説明するときに「一言で表せる言葉」のことだよ。それと筆者は注目してほしい単語《たんご》に「　」を付けていることも多いから、「　」が付いた言葉にも注目しておくといいよ。

…。

まあ、難《むずか》しいから、入試《にゅうし》までにつかめるように練習していこうね。

わかった。頑張《がんば》るよ。

まずは、何度も出てくる言葉に注目していこう！

おっけー。

わかったらチェック！

- 何度も出てくる言葉に○印！
- くり返し出てくる言葉に注目して話題をつかむ。
- まとめの言葉と「　」がついている言葉にも注目。

STEP 話題をつかもう！

● 次の文章を読んで、後の問いに答えなさい。

人を励《はげ》ます言葉って何だろう。そもそも、言葉で人を励ますことはできるのか。なんてことを考え出したのは、二〇一一年の東日本大震災《ひがしにほんだいしんさい》がきっかけだった。

あの頃《ころ》、テレビや新聞では連日《れんじつ》、東北地方の深刻《しんこく》な状況《じょうきょう》が報《ほう》じられていた。大津波《おおつなみ》の圧倒的《あっとうてき》な威力《いりょく》。人間のコントロールを超《こ》えて暴走《ぼうそう》した原子力発電所。身も心も傷《きず》つき疲《つか》れ果《は》てた人たち。画面に写る*被災地《ひさいち》の様子は、文字通り*筆舌《ひつぜつ》に尽《つ》くし難《がた》いものだった。

言葉というものはなんて*無力《むりょく》なんだろう。いや、言葉を仕事にしているにもかかわらず、こうした災害《さいがい》に対して何も言えないでいる自分は、なんて*卑小《ひしょう》な存在《そんざい》なんだろう。そうした猛烈《もうれつ》な無力感《むりょくかん》に囚《とら》われた。

それでも、せめて言葉について考えることは諦《あきら》めたくなかった。だから、とにかくぼくは*目を凝《こ》らし、耳を澄《す》ませた。

こうした非常時《ひじょうじ》には、どんな言葉が飛《と》び交《か》うのか。非常時という極限状況《きょくげんじょうきょう》は、ぼくらの言葉にどんな影響《えいきょう》を及《およ》ぼすのか。そうした問題を確《たし》かめておきたくて、日々《ひび》、目に映《うつ》る文字、耳に入る声を必死《ひっし》にかき集めていた。

そこでぼくが気になったのが、「励まし言葉」という問題だった。

震災《しんさい》直後、テレビのコメンテーターも、公共《こうきょう》のCMも、いろいろと手探《てさぐ》りで「励まし言葉」を*模索《もさく》していた気がする。

きっと、あの時、多くの人が「被災者の力になりたい」「励ましたい」と願《ねが》ったことだろう。

ミッション

話題をつかむために重要語句《じゅうようごく》に○印《じるし》を付《つ》けよう。

上の文に、鉛筆《えんぴつ》で書き込《こ》んでみてね。

被災地
災害《さいがい》にあったところ。

筆舌に尽くし難い
言葉では表現《ひょうげん》しきれない。

無力
そのことをするだけの体力や実力などがないこと。

卑小
ちっぽけな。

目を凝らす
一点に集中させる。

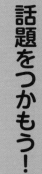

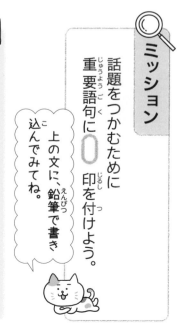

でも、「がんばれ」なんてありきたりな言葉は、被災者に対して失礼《しつれい》な気がする。励ましたいけど、傷《きず》つけたくない。そんな*葛藤《かっとう》からだろうか、みんな慎重《しんちょう》に、あるいは怖々《こわごわ》と、言葉を選《えら》んでいたように思う。

あれからずっと、モヤモヤと考え続《つづ》けてわかったのは、どうやらぼくらが使う日本語には「純粋《じゅんすい》に人を励ます言葉」というものが存在《そんざい》しないらしい、ということだった。

『ヘヴン』という小説《しょうせつ》がある。川上未映子《かわかみみえこ》さんが書いた名長編《めいちょうへん》で、中学生の壮絶《そうぜつ》な「いじめ」がテーマになっている。

この作品の中に、*加害者《かがいしゃ》と*被害者《ひがいしゃ》が一対一で話し合う場面がある。いじめられている主人公が、ばったり出会った加害者グループの一人を捕《つか》まえて、勇気《ゆうき》を振《ふ》りしぼって話しかけるという場面だ。主人公は震《ふる》える声で問いかける。どうして君たちは、ぼくに対して、こんなひどいことができるんだ、と。

ネタバレになるから詳《くわ》しくは書かないけれど、結論《けつろん》から言うと、主人公は加害者の男子生徒《せいと》にコテンパンに言い負かされる。その言い負かされ具合があまりにも圧倒的《あっとうてき》で、読んでいて悲しくなったり、腹《はら》が立ったり、とにかく感情《かんじょう》がぶれにぶれて、正直、読むのがしんどい場面だ。

実は、ぼくは授業《じゅぎょう》や講演《こうえん》の中で、ときどきこの小説《しょうせつ》を採《と》り上げて*ワークショップを開く。そして参加者《さんかしゃ》に短い作文を書いてもらう。テーマは「いじめられている子を励ます」というものだ。

すると多くの参加者は、「いじめられる側《がわ》」に同情《どうじょう》し、「いじめる側」を許《ゆる》せないと怒《おこ》る。本当にメラメラと怒《いか》りの炎《ほのお》が見えるくらいにヒートアップする人もいる。

でも、提出《ていしゅつ》された作文を読むと、だいたい六割《わり》から七割近くの人は、「いじめる側」の肩《かた》を持つ（この比率《ひりつ》はぼくの経験値《けいけんち》によるもの）。正確《せいかく》に言うと、理屈《りくつ》としては「いじめる側」が言っていることに近い文章を書いてくる。心情的《しんじょうてき》には「いじめられる側」に同情《どうじょう》していても、出来上がる文章は「いじめる側」に近くなるのだ。

どうしてこんなことが起きるのか。たぶん、「言葉がないこと」が関係《かんけい》している。

模索
手さぐりで探すこと。

葛藤
もつれ。

加害者
損害《そんがい》・危害《きがい》を与《あた》えた人。

被害者
損害・危害を受けた人。

ワークショップ
参加者《さんかしゃ》が専門家《せんもんか》の助言を得《え》ながら問題解《かい》決《けつ》のために行う研究会。

「人を励《はげ》ます言葉」というと、どんなフレーズを思いつくだろうか。

ワークショップで出てくる不動《ふどう》のトップ3は「がんばれ」「負けるな」「大丈夫《だいじょうぶ》」。他にもいろいろ出るけど、この三つの地位《ちい》が揺《ゆ》らぐことはない。

でも、よくよく考えると、「がんばれ」と「負けるな」は、人を叱《しか》りつける時にも使う。「*叱《しっ》咤《た》激励《げきれい》」という四字熟語《よじじゅくご》があるように、日本語では「叱《しっ》咤《た》」と「激励《げきれい》」はコインの表裏《おもてうら》の関係《かんけい》にある。

一方、「大丈夫」というのも、最近《さいきん》では「no thank you」の意味で使われることが多い。「コーヒーもう一杯《いっぱい》飲みますか?」「あ、大丈夫です～」といった感じだ。

ぼくらが「励まし表現《ひょうげん》」の代表格《だいひょうかく》だと思っている言葉は、時と場合によっては、「人を叱る言葉」や「人と距離《きょり》をとる言葉」に姿《すがた》を変《か》える。どうやら日本語には、「どんな文脈《ぶんみゃく》にあてはめても、『人を励ます』という意味だけを持つ言葉」というのは存在《そんざい》しないらしい。

ワークショップでも、「いじめられる側《がわ》」に同情《どうじょう》する主旨《しゅし》で書きはじめられた文章が、後半に進むにつれて「こんな奴《やつ》に負けないでがんばれ」という論調《ろんちょう》になっていくパターンが多い。

これは裏返《うらがえ》すと、「自分を強く持て」ということなんだけど、受け取り方によっては、「いじめられるのはあなたが弱いからいけない」というメッセージにもなる。「弱いからいけない」——実はこれ、課題小説《かだいしょうせつ》の中で「いじめる側」が言ってる理屈《りくつ》と、ほとんど同じなのだ。

いまから振《ふ》り返ってみれば、東日本大震災《ひがしにほんだいしんさい》というのは、普段《ふだん》ぼくらが使っている「励まし言葉」ではまったく対応《たいおう》できない事態《じたい》だったのだろう。

ひたすら*堪《た》え忍《しの》ぶ被災者《ひさいしゃ》に「がんばれ」は相応《ふさわ》しくない（もう限界《げんかい》までがんばっていた）。「負けるな」というのも変《へん》だ（被災に「勝ち負け」は関係《かんけい》ない）。「大丈夫だよ」もおかしい（実際《じっさい》「大丈夫」ではなかった人たちがたくさんいた）。

そうこうしているうちに、どこからともなく「ひとりじゃない」というフレーズが出回るようになった。被災者を孤立《こりつ》させず、連帯《れんたい》しようという思いを込《こ》めた新しい「励まし言葉」だっ

叱咤激励
大声で叱ったり励ましたりして気を奮《ふる》い立たせること。

耐え忍ぶ
つらさや苦しさをがまんする。

たと思う。

でも、これも使い方次第では「苦しいのはあなただけじゃない（だからガマンしましょう）」という意味になりえてしまう。

多くの人に向けられた言葉は、どうしても編《あ》み目が粗《あら》くなる。一口に「被災者」といっても、実際にそこにいるのはさまざまな事情《じじょう》を抱《かか》えた一人ひとりの人間だ。だから、ひとつの言葉が全員の心にぴったりと当てはまるなんてことがあるはずない。「その言葉は今の心情《しんじょう》にそぐわない」という人がいれば、そのたびに言葉を探《さが》すことが必要《ひつよう》だ。

もちろん、震災は言葉だけでなんとかなる問題じゃない。だからといって、言葉は二の次でいいわけでもない。

さっきのワークショップで気づいてほしいのは、「どんな場面でも人を励ませる便利《べんり》な言葉なんてない」ということ。そんな「ドラえもんの秘密《ひみつ》道具」みたいな言葉は存在《そんざい》しない。

でも、不思議《ふしぎ》なもので、ぼくたちは普段《ふだん》から「誰《だれ》かの言葉に励まされる経験《けいけん》」をしている。やっぱり、「言葉が人を励ます」ことは確《たし》かにあるのだ。

だから、「言葉は無力《むりょく》だ」と※絶望《ぜつぼう》することはない。言葉を信《しん》じて、「言葉探し」を続《つづ》けたらいい。

（荒井《あらい》裕樹《ゆうき》『まとまらない言葉を生きる』〈柏書房《かしわしょぼう》〉より）

絶望
望《のぞ》みが、すっかりなくなること。

ゴールの問題

問1 次の□に合うように、本文の話題を文中から7字でぬき出しなさい。「」も1字に数えます。

□□□□□□□について。

（オリジナル問題）

問2 本文全体をふまえ、筆者の立場の説明《せつめい》として最《もっと》も適当《てきとう》なものを次の中から選《えら》び、記号で答えなさい。

ア　言葉によって多くの人を支《ささ》えることの難《むずか》しさを自覚《じかく》しながらも、どうにかして、どんな場面にも当てはまるような便利《べんり》な言葉を探《さが》さなければならないという使命感を抱《いだ》いている。

イ　非常《ひじょう》時において、言葉だけで状況《じょうきょう》を改善《かいぜん》できないという無力《むりょく》さを感じてはいるが、言葉が誰《だれ》かを支《ささ》えるということを信《しん》じて、言葉を探《さが》し続《つづ》けるという強い意志《いし》を持っている。

ウ　言葉で人を励《はげ》ますことはできないと絶望《ぜつぼう》しながらも、その絶望《ぜつぼう》を消し去るためには、人を励《はげ》ますための新しい言葉を作り出さなければならないという思いにかられている。

エ　人を励《はげ》ますことができる言葉を見つければ、言葉は無力《むりょく》ではないと証明《しょうめい》できるので、ふさわしい言葉を探《さが》し当てるまでは努力《どりょく》し続《つづ》けようということを人々《ひとびと》に伝《つた》えたいと思っている。

□

（桐光学園《とうこうがくえん》中学校・２０２２年度〈第１回〉）

JUMP!

先生と一緒《いっしょ》に、もう一度問題文を読んでみよう！

次の文章を読んで、後の問いに答えなさい。

人を励《はげ》ます言葉って何だろう。そもそも、言葉で人を励ますことはできるのか。なんてことを考え出したのは、二〇一一年の東日本大震災《ひがしにほんだいしんさい》がきっかけだった。

あの頃《ころ》、テレビや新聞では連日《れんじつ》、東北地方の深刻《しんこく》な状況《じょうきょう》が報《ほう》じられていた。大津波《おおつなみ》の圧倒的《あっとうてき》な威力《いりょく》。人間のコントロールを超《こ》えて暴走《ぼうそう》した原子力発電所。身も心も傷《きず》つき疲《つか》れ果《は》てた人たち。画面に写る被災地《ひさいち》の様子は、文字通り筆舌《ひつぜつ》に尽《つ》くし難《がた》いものだった。

言葉というものはなんて無力《むりょく》なんだろう。いや、言葉を仕事にしているにもかかわらず、こうした災害《さいがい》に対して何も言えないでいる自分は、なんて卑小《ひしょう》な存在《そんざい》なんだろう。そうした猛烈《もうれつ》な無力感《むりょくかん》に囚《とら》われた。

それでも、せめて言葉について考えることは諦《あきら》めたくなかった。だから、とにかくぼくは目を凝《こ》らし、耳を澄《す》ませた。

こうした非常時《ひじょう》には、どんな言葉が飛《と》び交《か》うのか。非常時という極限状況《きょくげんじょうきょう》は、ぼくらの言葉にどんな影響《えいきょう》を及《およ》ぼすのか。そうした問題を確《たし》かめておきたくて、日々《ひび》、目に映《うつ》る文字、耳に入る声を必死《ひっし》にかき集めていた。

そこでぼくが気になったのが、「励まし言葉」という問題だった。

震災《しんさい》直後、テレビのコメンテーターも、公共《こうきょう》のＣＭも、いろいろと手探《てさぐ》りで「励まし言葉」を模索《もさく》していた気がする。

きっと、あの時、多くの人が「被災者の力になりたい」「励ましたい」と願《ねが》ったことだろう。

「人を励ます言葉」「言葉で人を励ます」ってもう2回出てきているけど、これが重要語句《じゅうようごく》でいいの？

くり返し何度も出てきているから、もうこれで重要語句決定だよ。これでこの説明文《せつめいぶん》の話題がつかめたね。

話題は「励まし言葉」についてだね。

励まし言葉について、筆者の意見がなんて書いてあるのかと考えながら読んでいこうね。

でも、「がんばれ」なんてありきたりな言葉は、被災者に対して失礼《しつれい》な気がする。励ましたいけど、傷《きず》つけたくない。そんな葛藤《かっとう》からだろうか、みんな慎重《しんちょう》に、あるいは怖々《こわごわ》と、言葉を選《えら》んでいたように思う。

あれからずっと、モヤモヤと考え続《つづ》けてわかったのは、どうやらぼくらが使う日本語には「純粋《じゅんすい》に人を励ます言葉」というものが存在《そんざい》しないらしい、ということだった。

『ヘヴン』という小説《しょうせつ》がある。川上未映子《かわかみみえこ》さんが書いた名長編《めいちょうへん》で、中学生の壮絶《そうぜつ》な「いじめ」がテーマになっている。

この作品の中に、加害者《かがいしゃ》と被害者《ひがいしゃ》が一対一で話し合う場面がある。いじめられている主人公が、ばったり出会った加害者グループの一人を捕《つか》まえて、勇気《ゆうき》を振《ふ》りしぼって話しかけるという場面だ。主人公は震《ふる》える声で問いかける。どうして君たちは、ぼくに対して、こんなひどいことができるんだ、と。

ネタバレになるから詳《くわ》しくは書かないけれど、結論《けつろん》から言うと、主人公は加害者の男子生徒《せいと》にコテンパンに言い負かされる。その言い負かされ具合があまりにも圧倒的《あっとうてき》で、読んでいて悲しくなったり、腹《はら》が立ったり、とにかく感情《かんじょう》がぶれにぶれて、正直、読むのがしんどい場面だ。

実は、ぼくは授業《じゅぎょう》や講演《こうえん》の中で、ときどきこの小説《しょうせつ》を採《と》り上げてワークショップを開く。そして参加者《さんかしゃ》に短い作文を書いてもらう。テーマは「いじめられている子を励ます」というものだ。

すると多くの参加者は、「いじめられる側《がわ》」に同情《どうじょう》し、「いじめる側」を許《ゆる》せないと怒《おこ》る。本当にメラメラと怒《いか》りの炎《ほのお》が見えるくらいにヒートアップする人もいる。

でも、提出《ていしゅつ》された作文を読むと、だいたい六割《わり》から七割近くの人は、「いじめる側」の肩《かた》を持つ（この比率《ひりつ》はぼくの経験値《けいけんち》によるもの）。正確《せいかく》に言うと、理屈《りくつ》としては「いじめる側」が言っていることに近い文章を書いてくる。心情的《しんじょうてき》には「いじめられる側」に同情《どうじょう》していても、出来上がる文章は「いじめる側」に近くなるのだ。

どうしてこんなことが起きるのか。たぶん、「言葉がないこと」が関係《かんけい》している。

あれ～先生、「　」がついている言葉がたくさんあるよ。先生は、「　」のついている言葉も重要語句になるって言ってたよね。こんなにたくさん重要語句があるの？

「　」がついていても、セリフや本の名前、具体的《てき》な言葉には〇印をつけなくていいよ。

具体？

それについてはワザ3（64ページ）でやるけど、ここでは『ヘブン』という小説《しょうせつ》が具体例《ぐたいれい》になってるんだよ。

へ～。そうなんだ。じゃあ、具体的な言葉は重要語句にならないってことは、覚《おぼ》えておくよ。

つねに何が話題だったかを頭に置《お》いておくんだよ。

「人を励《はげ》ます言葉」というと、どんなフレーズを思いつくだろうか。ワークショップで出てくる不動《ふどう》のトップ3は「がんばれ」「負けるな」「大丈夫《だいじょうぶ》」。他にもいろいろ出るけど、この三つの地位《ちい》が揺《ゆ》らぐことはない。

でも、よくよく考えると、「がんばれ」と「負けるな」は、人を叱《しか》りつける時にも使う。「叱《しっ》咤激励《たげきれい》」という四字熟語《よじじゅくご》があるように、日本語では「叱咤《しった》」と「激励《げきれい》」はコインの表裏《おもてうら》の関《かん》係《けい》にある。

一方、「大丈夫」というのも、最近《さいきん》では「no thank you」の意味で使われることが多い。「コーヒーもう一杯《いっぱい》飲みますか?」「あ、大丈夫です〜」といった感じだ。

ぼくらが「励まし表現《ひょうげん》」の代表格《だいひょうかく》だと思っている言葉は、時と場合によっては、「人を叱る言葉」や「人と距離《きょり》をとる言葉」に姿《すがた》を変《か》える。どうやら日本語には、「どんな文脈《ぶんみゃく》にあてはめても、『人を励ます』という意味だけを持つ言葉」というのは存在《そんざい》しないらしい。

ワークショップでも、「いじめられる側《がわ》」に同情《どうじょう》する主旨《しゅし》で書きはじめられた文章が、後半に進むにつれて「こんな奴《やつ》に負けないでがんばれ」という論調《ろんちょう》になっていくパターンが多い。

これは裏返《うらがえ》すと、「自分を強く持て」ということなんだけど、受け取り方によっては、「いじめられるのはあなたが弱いからいけない」というメッセージにもなる。「弱いからいけない」――実はこれ、課題小説《かだいしょうせつ》の中で「いじめる側」が言ってる理屈《りくつ》と、ほとんど同じなのだ。

いまから振《ふ》り返ってみれば、東日本大震災《ひがしにほんだいしんさい》というのは、普段《ふだん》ぼくらが使っている「励まし言葉」ではまったく対応《たいおう》できない事態《じたい》だったのだろう。

ひたすら堪《た》え忍《しの》ぶ被災者《ひさいしゃ》に「がんばれ」は相応《ふさわ》しくない(もう限界《げんかい》までがんばっていた)。「負けるな」というのも変《へん》だ(被災に「勝ち負け」は関係《かんけい》ない)。「大丈夫だよ」もおかしい(実際《じっさい》「大丈夫」ではなかった人たちがたくさんいた)。

そうこうしているうちに、どこからともなく「ひとりじゃない」というフレーズが出回るようになった。被災者を孤立《こりつ》させず、連帯《れんたい》しようという思いを込《こ》めた新しい「励まし言葉」だっ

話が、人を励ます言葉にもどった。

その通りだよ。この文章の話題は人を励ます言葉についてだから、このあとで話題についての意見を言うかもしれないよ。人を励ます言葉に着目して読んでいこうか。

着目してみると、重要語句《じゅうようごく》ってほんとにくり返し出てくるね。

そうだよ。重要語句が出てきたら、注意して読んでいこう。そうすると、筆者の意見が読み取りやすくなるよ。

励まし言葉について、マイナスの意見を言ってるよ。

よく読み取れたね。では、励まし言葉について、筆者は最後《さいご》までマイナス意見のままなのかな。読み進めてみよう。

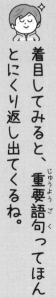

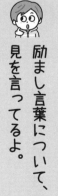

たと思う。

でも、これも使い方次第では「苦しいのはあなただけじゃない（だからガマンしましょう）」という意味になりえてしまう。

多くの人に向けられた言葉は、どうしても編《あ》み目が粗《あら》くなる。一口に「被災者」といっても、実際にそこにいるのはさまざまな事情《じじょう》を抱《かか》えた一人ひとりの人間だ。だから、ひとつの言葉が全員の心にぴったりと当てはまるなんてことがあるはずない。「その言葉は今の心情《しんじょう》にそぐわない」という人がいれば、そのたびに言葉を探《さが》すことが必要《ひつよう》だ。

もちろん、震災は言葉だけでなんとかなる問題じゃない。だからといって、言葉は二の次でいいわけでもない。

さっきのワークショップで気づいてほしいのは、「どんな場面でも人を励ませる便利《べんり》な言葉なんてない」ということ。そんな「ドラえもんの秘密《ひみつ》道具」みたいな言葉は存在《そんざい》しない。

でも、不思議《ふしぎ》なもので、ぼくたちは普段《ふだん》から「誰《だれ》かの言葉に励まされる経験《けいけん》」をしている。やっぱり、「言葉が人を励ます」ことは確《たし》かにあるのだ。

だから、「言葉は無力《むりょく》だ」と絶望《ぜつぼう》することはない。言葉を信《しん》じて、「言葉探し」を続《つづ》けたらいい。

（荒井裕樹《あらいゆうき》『まとまらない言葉を生きる』〈柏書房《かしわしょぼう》〉より）

「でも」って「しかし」と同じ働《はたら》きをするんだよね。

よく覚《おぼ》えてるね。

ということは、励まし言葉についてマイナスのことが書いてあったけど、「でも」の後ろはプラスのことが書いてあるということかな。

その通り。

励ましの言葉は存在《そんざい》しないって言ってたけど、言葉を信《しん》じて言葉探しを続《つづ》けたらいいって書いてあるよ。

それが筆者の言いたいこと、つまり意見だね。「励まし言葉」って何度も出てきたね。こんなふうに重要語句を発見して読んでいくと、意見がつかみやすくなるんだよ。

たしかに！　ただ何となく読むより、重要なところが見えてきた。

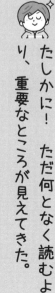

ゴールの問題

問1 次の□に合うように、本文の話題を文中から7字でぬき出しなさい。「」も1字に数えます。

人を励ます言葉 について。

「励まし言葉」 について。

「励まし表現」 について。

（オリジナル問題）

あれ？ 答えが3つあるよ。

同意表現《ひょうげん》だからどれも正解《せいかい》。すぐに答えが探《さが》せた？

くり返し出てくる言葉に○印《じるし》をつけていたから、すぐに話題を示《しめ》す言葉が見つかったよ。

はやく正確《せいかく》に解《と》けたね！

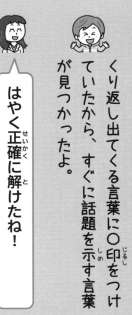

問2 本文全体をふまえ、筆者の立場の説明《せつめい》として最《もっと》も適当《てきとう》なものを次の中から選《えら》び、記号で答えなさい。

ア 言葉によって多くの人を支《ささ》えることの難《むずか》しさを自覚《じかく》しながらも、×どうにかして、どんな場面にも当てはまるような便利《べんり》な言葉を探《さが》さなければならないという使命感を抱《いだ》いている。

イ 非常《ひじょう》時において、言葉だけで状況《じょうきょう》を改善《かいぜん》できないという無力《むりょく》さを感じてはいるが、言葉が誰《だれ》かを支《ささ》えるということを信《しん》じて、言葉を探《さが》し続《つづ》けるという強い意志《いし》を持っている。

ウ 言葉で人を励《はげ》ますことはできないと絶望《ぜつぼう》しながらも、×その絶望《ぜつぼう》を消し去るためには、人を励《はげ》ますための新しい言葉を作り出さなければならないという思いにかられている。

エ 人を励《はげ》ますことができる言葉を見つければ、言葉は無力《むりょく》ではないと証明《しょうめい》できるので、×ふさわしい言葉を探《さが》し当てるまでは努力《どりょく》し続《つづ》けようということを人々《ひとびと》に伝《つた》えたいと思っている。

（桐光学園《とうこうがくえん》中学校・２０２２年度〈第１回〉）

イ

選択肢《せんたくし》問題って、いつもカンで選《えら》んじゃうんだよね。

カンは、ダメ！ ダメ!!

じゃあ、どうすればいいのさ〜。

難《むずか》しいときは、本文と一部分でも合っていないところを見つけて、×（キズ）をつけていくといいよ。キズ探《さが》しって言うんだ。

えー、面倒《めんどう》くさいな。

でも、このやり方がうまくなると正解《せいかい》が多くなるよ。

じゃあ、やってみる！

02 ワザ2 問いかけ

今回のポイント

筆者はわざと問いかけることで、その答えとなる自分の意見に注目させてるんだよ。つまり、すごく大事なことが書かれているってこと。問いかけとその答えに注意！

HOP 問いかけを見つけたら、答えを探《さが》して読む！

塾《じゅく》でやった説明文《せつめいぶん》の中で、「なぜ勉強しなくてはいけないのでしょうか」って問いかけられたんだけどさ。筆者はその答えがわかんないの？

じゃあキミは、わかんない人が書いてるって思う？

そんなわけないよね。だってこれ、賢《かしこ》い人が書いてるんでしょ？　じゃあ答えがわかってるのに、わざわざ聞いてるってこと？

そう。筆者は問いかけることで、ここに注目してねって話題を示《しめ》してるんだよ。

じゃあ、問いかけが話題になるのか。

そうそう。話題をつかむには、問いかけと重要語句《じゅうようごく》をつかむといいんだよ。重要語句はワザ1（38ページ）でやったよね。

話題をつかむと読みやすくなるもんね。

問いかけに気づく重要さがわかったね。「～か」のようにハテナがつきそうな文は要注意《ようちゅうい》。

おっけー。もうわかったから帰っていいよ。

待て待て。ここからが大事！

えー。まだあんの？

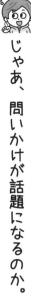

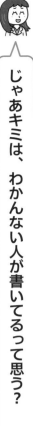

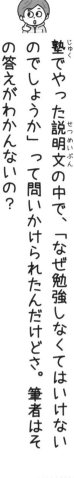

桃太郎劇場《ももたろうげきじょう》④

わかったらチェック！

- 「〜か」などのハテナが付きそうな問いかけに注目。
- 問いかけの答えを探して読む！
- 問いかけの答えが筆者の意見！

今から言うことは超《ちょう》重要。説明文の筆者は自分の意見を強調するために7つのワザ（11ページ）を使っているって言ったよね。今日は2つ目を伝授《でんじゅ》するよ。

ワクワク。

「ワザ2・問いかけ」
問いかけに対する答えが筆者の意見になる。

え！ じゃあ、問いかけの答えを探《さが》して読まないといけないってこと？

そうなんだ。筆者は自分の意見に注目してほしいから、わざとそれに対する問いかけをするんだよ。「桃太郎劇場《ももたろうげきじょう》」を見てごらん。

なるほど。問いかけの効果絶大《こうかぜつだい》だったね。桃太郎が「村人を救《すく》うために鬼ヶ島《おにがしま》にいこう」って言うより、桃太郎の問いかけの答えにお供《とも》たちが気づくほうがぐっとくるもんね。

うんうん。このワザ2は筆者がよく使うワザなんだ。

筆者がわかんなくて、読んでる人にきいてるのかと思ってたよ。ハハ。

STEP 話題《わだい》をつかもう！

● 次の文章を読んで、後の問いに答えなさい。

なぜヒトは過酷《＊かこく》な平原（サバンナ）に進出していったのか。実はその時代、地球上で乾燥《かんそう》・寒冷化《かんれいか》が進んで、生息地であった森林が少なくなってしまった。その際《さい》に、最後《さいご》まで残《のこ》された森林にしがみついていたのが現在《げんざい》のチンパンジーであり、環境変化《＊かんきょうへんか》のために①サバンナに出て行かざるを得《え》なかったのがヒトであった。

森林からサバンナに出た彼《かれ》らを待ち受けていたのは、大変《たいへん》に過酷な生活環境であった。まず、水がほとんど存在《そんざい》しないのだ。水場がところどころに点々《てんてん》としかないので、水場から水場へ歩いて移動《いどう》するにも長距離《きょり》を移動しなくてはいけない。そして気温が高いので、汗《あせ》をどんどんかいて体温調節《ちょうせつ》をする必要《ひつよう》がある。この環境《かんきょう》のために、彼らは体毛を失《うしな》い、代わりに汗をかくための汗腺《かんせん》という器官《きかん》が増《ふ》えたと考えられる。600万年前、チンパンジーと分かれたばかりの頃《ころ》はまだ毛むくじゃらだったはずで、本当に毛をなくさなければいけなくなったのはサバンナに進出した200万年前ぐらいからであろう。

私《わたし》たちヒトは暑さで汗びっしょりになるが、こういう哺乳類《ほにゅうるい》は実はあまりいない。ウマは汗《あせ》をかくが、イヌやネコはそんなにかかないし、そもそもそんなに長距離《ちょうきょり》を走るようにはできていないのだ。ヒトの特徴《とくちょう》の一つとして、長距離移動《いどう》が可能《かのう》であることが挙《あ》げられる。チーターなどは高速で移動《いどう》できるが、長距離は走れない。これも汗腺《かんせん》と同じように、サバンナに適応《てきおう》し生き抜《ぬ》くための、ヒトの進化である。

次に、食べ物の問題がある。それまでは樹木《じゅもく》が生《お》い茂《しげ》る森で、木々の葉っぱや果実《かじつ》をもぎとって食べていればよかった。しかし、サバンナにはヒトが簡単《かんたん》に手に入れられるような食料《しょくりょう》はほ

ミッション

①問いかけ
②問いかけの答えを探《さが》して ―― を引き、
①と②を矢印《やじるし》でつなごう。

上の文に、鉛筆《えんぴつ》で書き込《こ》んでみてね。

過酷
ひどすぎるようす。

環境
人や生き物をとりまき、えいきょうを与《あた》えるまわりの世界。

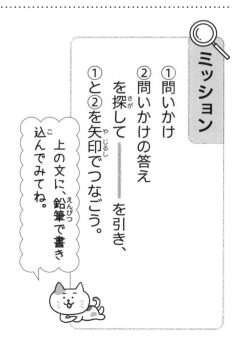

とんどない。シマウマのような、タンパク質《しつ》の塊《かたまり》ともいえる草食動物が多く生息してはいるが、ヒトは肉食動物ではない。肉食動物はつめやきばを持ち、ほかの動物を食料《しょくりょう》にできるが、木の上で暮《く》らしていた*霊長類《れいちょうるい》が簡単《かんたん》にほかの動物を狩《か》ることはできなかった。では、植物はというと、こうした過酷な場に生息する植物は水分をあまり含《ふく》んでおらず乾燥しているものが多い。また*外殻《がいかく》が硬《かた》かったり、水分を含《ふく》む実の部分は地中に埋《う》もれていることがほとんどである。そうした実をとるためには地面を掘《ほ》らなくてはならないが、力よりも森林での生活に適《てき》した器用《よう》さを重視《じゅうし》して進化した手なので、つめで掘り進むこともままならなかった。

では彼《かれ》らはこの*難局《なんきょく》にどう適応《てきおう》していったのか。一つは、食料を確保《かくほ》するために、自然《しぜん》を利《り》用《よう》して道具を製作《せいさく》し、活用することを覚《おぼ》えた。石器《せっき》を使って巧《たく》みに狩《か》りや食物採取《さいしゅ》を行うようになった。

そしてもう一つ、目標《もくひょう》を達成《たっせい》するために、役割《やくわり》を分担《ぶんたん》し、複数《ふくすう》で共同《きょうどう》作業をすることを知ったのである。それまでのように、一人ひとりが群《む》れの中で勝手に暮《く》らすのではない。群れという組織《そしき》において、互《たが》いが自分と相手の果《は》たすべき役割を理解《りかい》し、目標達成のために何をするかを考え、一緒《いっしょ》に行動する。群れ全体が自分の立ち位置《いち》と役割を意識《いしき》する集団《しゅうだん》となり、こうした社会関係《かんけい》の理解《りかい》こそが、*類人猿《るいじんえん》とは異《こと》なる、ヒトをヒトたらしめる最大《さいだい》の分岐点《ぶんきてん》になったのだ。このときを*契機《けいき》として、ヒトの脳《のう》は著《いちじる》しく進化する。やがてヒトは、他の動物と比《くら》べて格段《かくだん》に大きな脳を持つようになった。これは過酷な環境でヒトが編《あ》み出した、生き抜《ぬ》くために必要《ひつよう》な進化だったといえるだろう。

実際《じっさい》に脳の大きさを比較《ひかく》してみると、チンパンジーの脳の容量《ようりょう》が約《やく》380ccであるのに対し、ヒトは約1400ccである。しかも進化の過程《かてい》で単純《たんじゅん》にチンパンジーの脳がそのまま大きくなったということではなく、目の裏《うら》の部分から頭のてっぺんにかけて、おでこ周辺《しゅうへん》にある前頭前野という部分が特《とく》に大きくなっているのだ。

その前頭前野とは、何を司《つかさど》る部分なのか。脳の働《はたら》きは解析《かいせき》されてきたが、前頭前野にあたる部分がどのような機能《きのう》を持っているかは長年分からなかった。近年ようやく、前頭前野は「自分を*客観的《きゃっかんてき》に見る」感覚《かんかく》を司っていることがわかってきた。自分が何をして、何を感じている

霊長類
サル目の哺乳類《ほにゅうるい》の総称《そうしょう》。全動物中最《もっと》も進化した一群《いちぐん》で、サル類《るい》とヒト類《るい》を含《ふく》む。

外殻
外がわの、から。

難局
どうしたらいいかこまる、むずかしい場面。

類人猿
オランウータン・チンパンジー・ゴリラなどヒトに最《もっと》も近いサル。

契機
きっかけ。原因《げんいん》。

客観的
自分の考えを入れずに、ものごとをありのままに見たり考えたりするようす。

か。そして他人が何を思い、どう感じているか。自分の気持ちを*参照《さんしょう》しながら、他人が何を感じ考えているかを知るための器官《きかん》なのだ。また、自分が何を欲《ほっ》しているかということも*モニターしているので、それと連動《れんどう》して、目標《もくひょう》を達成《たっせい》するために、次に何をしなければいけないかといった物事の優先順位《ゆうせんじゅんい》を決める役割《やくわり》もある。

これは言語能力《のうりょく》などとは別々《べつべつ》に管理《かんり》されており、例《たと》えば事故《じこ》で前頭前野を損傷《そんしょう》してしまっても、言葉や記憶《きおく》、思考には問題ない。しかし、自分勝手な行動が増《ふ》えたり、次にするべきことの判断《はんだん》ができず、何かをしようという意欲《いよく》もわかなくなってしまう。

前頭前野の働《はたら》きをほかの霊長類《れいちょうるい》と比較《ひかく》すると、サバンナに出て環境《かんきょう》に適応《てきおう》したヒトが他人の心を読んで共同《きょうどう》作業をし、社会生活を営《いとな》むようになった、という進化の過程《かてい》がわかるのである。

人間の脳《のう》は、だらだらと何となく大きくなっていたのではなくて、サバンナに進出したとき、*ホモ・サピエンスが登場したときに、一気に大きくなった。まだ正確《せいかく》にはわかっていないが、二回目に脳が発達《はったつ》した時期は、２０万年前、ホモ・サピエンスがアフリカ大陸《たいりく》から陸地《りくち》を伝《つた》ってユーラシア大陸《たいりく》に進出し、世界各地《かくち》に散《ち》らばり広がっていったときと重なっている。かつて森からサバンナに進出したときのように、それは大きな困難《こんなん》を伴《ともな》ったことは*想像《そうぞう》に難《かた》くない。

そうした*リスクを冒《おか》してまで、なぜ彼《かれ》らは外界に出て行ったのか。今よりもはるかに人口が少ない時代であり、アフリカ大陸《たいりく》にヒトが増《ふ》えすぎて*飽和《ほうわ》状態《じょうたい》になった、ということも考えにくい。

私《わたし》はその要因《よういん》は、［Ｘ］ではないかと思う。脳が大きくなることにより、ヒトは物事の因果関《いんがかん》係《けい》をより深く考えるようになった。すると、今自分たちが生活している世界を客観視《きゃっかんし》することができるようになり、同時に、さらに外の世界には何が広がっているのか、と考えるようになる。そうした冒険心《ぼうけんしん》から、彼《かれ》らは別《べつ》の大陸《たいりく》へ渡《わた》っていったのだと、私は考えている。それは、現在《げんざい》も我々《われわれ》が宇宙《うちゅう》という空間に思いを馳《は》せ、ステーションを建設《けんせつ》し、惑星《わくせい》を探査《たんさ》することと同じなのではないだろうか。

参照
ほかのものと、照《て》らし合わせること。

モニター
人や状態《じょうたい》を観察《かんさつ》・点検《てんけん》すること。

ホモ・サピエンス
地球上に住む人類《じんるい》およびその類縁《るいえん》のもの。

想像に難くない
想像することはむずかしくない。

リスク
危険《きけん》。

飽和
含《ふく》むことのできる限界《げんかい》に達《たっ》すること。

（長谷川眞理子《はせがわまりこ》「ヒトはなぜヒトになったか」より）

ゴールの問題

問1 ——線部①「サバンナに出て行かざるを得《え》なかったのがヒトであった」とありますが、なぜ「ヒト」は「サバンナに出て行かざるを得《え》なかった」のですか。その理由を「〜から。」に続《つづ》く形で本文中から35字でぬき出しなさい。

から。

問2 本文中の X に当てはまる言葉として最《もっと》も適当《てきとう》なものを次の中から選《えら》び、記号で答えなさい。

ア 自負心《じふしん》　イ 向上心　ウ 好奇心《こうきしん》
エ 競争心《きょうそうしん》　オ 遊び心

（和歌山信愛《しんあい》中学校・２０１９年度）

JUMP! 先生と一緒《いっしょ》に、もう一度問題文を読んでみよう！

● 次の文章を読んで、後の問いに答えなさい。

①なぜヒトは過酷《かこく》な平原（サバンナ）に進出していったのか。②実はその時代、地球上で乾燥《かんそう》・寒冷化《かんれいか》が進んで、生息地であった森林が少なくなってしまった。その際《さい》に、最後《さいご》まで残《のこ》された森林にしがみついていたのが現在《げんざい》のチンパンジーであり、②環境変化《かんきょうへんか》のために①サバンナに出て行かざるを得《え》なかったのがヒトであった。

森林からサバンナに出た彼《かれ》らを待ち受けていたのは、大変《たいへん》に過酷な生活環境であった。まず、水がほとんど存在《そんざい》しないのだ。水場がところどころに点々《てんてん》としかないので、水場から水場へ歩いて移動《いどう》するにも長距離《きょり》を移動しなくてはいけない。そして気温が高いので、汗《あせ》をどんどんかいて体温調節《ちょうせつ》をする必要《ひつよう》がある。この環境《かんきょう》のために、彼らは体毛を失《うしな》い、代わりに汗をかくための汗腺《かんせん》という器官《きかん》が増《ふ》えたと考えられる。６００万年前、チンパンジーと分かれたばかりの頃《ころ》はまだ毛むくじゃらだったはずで、本当に毛をなくさなければいけなくなったのはサバンナに進出した２００万年前ぐらいからであろう。

私《わたし》たちヒトは暑さで汗びっしょりになるが、こういう哺乳類《ほにゅうるい》は実はあまりいない。ウマは汗《あせ》をかくが、イヌやネコはそんなにかかないし、そもそもそんなに長距離《ちょうきょり》を走るようにはできていないのだ。ヒトの特徴《とくちょう》の一つとして、長距離移動《いどう》が可能《かのう》であることが挙《あ》げられる。チーターなどは高速で移動《いどう》できるが、長距離は走れない。これも汗腺《かんせん》と同じように、サバンナに適応《てきおう》し生き抜《ぬ》くための、ヒトの進化である。

次に、食べ物の問題がある。それまでは樹木《じゅもく》が生《お》い茂《しげ》る森で、木々の葉っぱや果実《かじつ》をもぎとって食べていればよかった。しかし、サバンナにはヒトが簡単《かんたん》に手に入れられるような食料《しょくりょう》はほ

いきなり1行目から問いかけだよ、先生！

話題を示《しめ》すために、文章の最初《さいしょ》のほうに問いかけをもってくることがあるんだよ。

へ～。

問いかけを見つけるだけじゃなくて、その答えを探《さが》すことが重《じゅう》要《よう》だよ。

それ、知ってる。さっき聞いたし。

即実践《そくじっせん》すばらしい！　一生覚《おぼ》えてて。

問いかけに対する答えが2か所あったんだけど、合ってる？

とんどない。シマウマのような、タンパク質《しつ》の塊《かたまり》ともいえる草食動物が多く生息してはいるが、ヒトは肉食動物ではない。肉食動物はつめやきばを持ち、ほかの動物を食料《しょくりょう》にできるが、木の上で暮《く》らしていた霊長類《れいちょうるい》が簡単《かんたん》にほかの動物を狩《か》ることはできなかった。では、植物はというと、こうした過酷な場に生息する植物は水分をあまり含《ふく》んでおらず乾燥しているものが多い。また外殻《がいかく》が硬《かた》かったり、水分を含《ふく》む実の部分は地中に埋《う》もれていることがほとんどである。そうした実をとるためには地面を掘《ほ》らなくてはならないが、力よりも森林での生活に適《てき》した器《き》用《よう》さを重視《じゅうし》して進化した手なので、つめで掘り進むこともままならなかった。

①では彼《かれ》らはこの難局《なんきょく》にどう適応《てきおう》していったのか。②一つは、食料を確保《かくほ》するために、自然《しぜん》を利用《よう》して道具を製作《せいさく》し、活用することを覚《おぼ》えた。石器《せっき》を使って巧《たく》みに狩《か》りや食物採取《さいしゅ》を行うようになった。

②そしてもう一つ、目標《もくひょう》を達成《たっせい》するために、役割《やくわり》を分担《ぶんたん》し、複数《ふくすう》で共同《きょうどう》作業をすることを知ったのである。それまでのように、一人ひとりが群《む》れの中で勝手に暮《く》らすのではない。群れという組織《そしき》において、互《たが》いが自分と相手の果《は》たすべき役割を理解《りかい》し、目標達成のために何をするかを考え、一緒《いっしょ》に行動する。群れ全体が自分の立ち位置《いち》と役割を意識《いしき》する集団《しゅうだん》となり、こうした社会関係《かんけい》の理解《りかい》こそが、類人猿《るいじんえん》とは異《こと》なる、ヒトをヒトたらしめる最大《さいだい》の分岐点《ぶんきてん》になったのだ。このときを契機《けいき》として、ヒトの脳《のう》は著《いちじる》しく進化する。やがてヒトは、他の動物と比《くら》べて格段《かくだん》に大きな脳《のう》を持つようになった。これは過酷な環境でヒトが編《あ》み出した、生き抜《ぬ》くために必要《ひつよう》な進化だったといえるだろう。

実際《じっさい》に脳の大きさを比較《ひかく》してみると、チンパンジーの脳の容量《ようりょう》が約《やく》380ccであるのに対し、ヒトは約《やく》1400ccである。しかも進化の過程《かてい》で単純《たんじゅん》にチンパンジーの脳がそのまま大きくなったということではなく、目の裏《うら》の部分から頭のてっぺんにかけて、おでこ周辺《しゅうへん》にある前頭前野という部分が特《とく》に大きくなっているのだ。

①その前頭前野とは、何を司《つかさど》る部分なのか。脳の働《はたら》きは解析《かいせき》されてきたが、前頭前野にあたる部分がどのような機能《きのう》を持っているかは長年分からなかった。近年ようやく、②前頭前野は「自分を客観的《きゃっかんてき》に見る」感覚《かんかく》を司っていることがわかってきた。自分が何をして、何を感じている

最初《さいしょ》の②を一言で言いかえたのが、後の②だから、合ってるよ。どっちも問いかけの答えになるよ。

また問いかけがあったけど、すぐその後ろに答えがあったよ。

一つだけ？

え、一つだけじゃないの？

ふふふふ。いいこと教えてあげる！

なになに

「一つは」と書かれていたら、「もう一つ」があると思って読むといいよ。

あ、ほんとだ。「そしてもう一つ」と書いてある！

「一つは」「もう一つは」のように整理して書かれているところは問題に出やすいからチェックしておこう。

か。そして他人が何を思い、どう感じているか。自分の気持ちを参照《さんしょう》しながら、他人が何を感じ考えているかを知るための器官《きかん》なのだ。また、自分が何を欲《ほっ》しているかということもモニターしているので、それと連動《れんどう》して、目標《もくひょう》を達成《たっせい》するために、次に何をしなければいけないかといった物事の優先順位《ゆうせんじゅんい》を決める役割《やくわり》もある。

これは言語能力《のうりょく》などとは別々《べつべつ》に管理《かんり》されており、例《たと》えば事故《じこ》で前頭前野を損傷《そんしょう》してしまっても、言葉や記憶《おく》、思考には問題ない。しかし、自分勝手な行動が増《ふ》えたり、次にするべきことの判断《はんだん》ができず、何かをしようという意欲《いよく》もわかなくなってしまう。

前頭前野の働《はたら》きをほかの霊長類《れいちょうるい》と比較《ひかく》すると、サバンナに出て環境《かんきょう》に適応《てきおう》したヒトが他人の心を読んで共同《きょうどう》作業をし、社会生活を営《いとな》むようになった、という進化の過程《かてい》がわかるのである。

人間の脳《のう》は、だらだらと何となく大きくなっていたのではなくて、サバンナに進出したときと、ホモ・サピエンスが登場したときに、一気に大きくなった。まだ正確《せいかく》にはわかっていないが、二回目に脳が発達《はったつ》した時期は、20万年前、ホモ・サピエンスがアフリカ大陸《たいりく》から陸地《りくち》を伝《つた》ってユーラシア大陸《たいりく》に進出し、世界各地《かくち》に散《ち》らばり広がっていったときと重なっている。かつて森からサバンナに進出したときのように、それは大きな困難《こんなん》を伴《ともな》ったことは想像《そうぞう》に難《かた》くない。

①そうしたリスクを冒《おか》してまで、なぜ彼《かれ》らは外界に出て行ったのか。今よりもはるかに人口が少ない時代であり、アフリカ大陸《たいりく》にヒトが増《ふ》えすぎて飽和状態《ほうわじょうたい》になった、ということも考えにくい。

②私《わたし》はその要因《よういん》は、[X]ではないかと思う。脳が大きくなることにより、ヒトは物事の因果関係《いんがかんけい》をより深く考えるようになった。すると、今自分たちが生活している世界を客観視《きゃっかんし》することができるようになり、同時に、さらに外の世界には何が広がっているのか、と考えるようになる。そうした冒険心《ぼうけんしん》から、彼《かれ》らは別《べつ》の大陸《たいりく》へ渡《わた》っていったのだと、私は考えている。それは、現在《げんざい》も我々《われわれ》が宇宙《うちゅう》という空間に思いを馳《は》せ、ステーションを建設《けんせつ》し、惑星《わくせい》を探査《たんさ》することと同じなのではないだろうか。

また問いかけだ。

その問いかけに対する答えがどうして②の場所だってわかったの？

②の「その要因《よういん》」イコール、外界に出る要因《よういん》でしょ。「その」は指示語《しじご》だから前を見ればいいと思った。

すっご〜い！ 指示語博士《しじごはかせ》だね。

だって、指示語《しじご》（26ページ）はもう学んだからね。

それじゃ、Xにどんな言葉が入るか考えてみよう。

「彼《かれ》らは別《べつ》の大陸《たいりく》に渡《わた》っていった」っていうのは、外界に出ていったってことだよね。

うんうん。

でね、冒険心《ぼうけんしん》から別《べつ》の大陸《たいりく》に渡《わた》っていったんだから、Xは冒険心《ぼうけんしん》に似《に》た言葉じゃないかなって思うんだ。

考え方がバッチリだよ！

（長谷川眞理子《はせがわまりこ》「ヒトはなぜヒトになったか」より）

ゴールの問題

問1 ——線部①「サバンナに出て行かざるを得《え》なかったのがヒトであった」とありますが、なぜ「ヒト」は「サバンナに出て行かざるを得《え》なかった」のですか。その理由を「〜から。」に続《つづ》く形で本文中から35字でぬき出しなさい。

地球上で乾燥・寒冷化が進んで、生息地であった森林が少なくなってしまったから。

「〜だろうか。」になっているから、ここも問いかけなんじゃない？

問いかけに見えるけど、この「〜か。」は、詠嘆《えいたん》の「か」なんだよ。

詠嘆《えいたん》？

そう。さらに外の世界に広がっていこうとする冒険心《ぼうけんしん》は、現在《げんざい》も昔も同じだと筆者は感動を込《こ》めて言ってるんだよ。

文章の最初《さいしょ》の問いかけの答えがそのままぬき出せたよ。

問いかけの答えを探《さが》しながら読んでいたから、すぐに答えがみつけられたね。

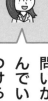

問2 本文中の X に当てはまる言葉として最《もっと》も適当《てきとう》なものを次の中から選《えら》び、記号で答えなさい。

ア　自負心《じふしん》　イ　向上心　ウ　好奇心《こうきしん》

エ　競争心《きょうそうしん》　オ　遊び心

（和歌山信愛《しんあい》中学校・2019年度）

ウ

ア〜オでわかんない言葉はある？

うん。全部。

ア　自信《じしん》を持ち、誇《ほこ》る心。

イ　進歩しようとする心。

ウ　めずらしいもの、新しいものなどに対する興味《きょうみ》。

エ　他に張《は》り合って勝ちたいと思う気持ち。

オ　ゆとりやしゃれけのある心。

言葉の意味がわかったから、もう大丈夫《だいじょうぶ》！　さっき文章を先生と読んだときに、冒険心《ぼうけんしん》に似《に》た言葉だってわかったから、答えはウ好奇心《こうきしん》でしょ。

正解《せいかい》！　三字熟語《じゅくご》は狙《ねら》われやすいから、よく学んでおくといいよ。

問いかけで遊ぼう！

このままいったら、地球環境はどうなるでしょうか。考えを書いてみよう。

地球がどうなるのか、真剣に考えちゃった。温暖化とか、戦争とか、食糧危機……。

それが問いかけのねらいだよ。

問いかけられると、その答えに意識が向くね。

そうやって、筆者も自分の意見に注目させるんだよ。

03

ワザ3 具体と抽象《ちゅうしょう》

なんで突然《とつぜん》出てくんのさ

今回のポイント

筆者は自分の意見を伝《つた》えるために、具体例《れい》を挙《あ》げてくわしく説明《せつめい》するよ。突然《とつぜん》ある事柄《ことがら》が出てきたら、それが具体例ってやつ。

HOP

具体と抽象を読み分ける。抽象が大事！

先生、お腹《なか》がすいたよ～。おやつの時間にしようよ。腹《はら》が減《へ》っては戦《いくさ》はできぬって言うでしょ。

じゃあ、休憩《きゅうけい》にしようか。何が食べたいの？

えっとー。どら焼《や》き、ケーキ、団子《だんご》…。全部食べたいな。

へ～。キミは甘《あま》いものが好《す》きなんだね！

先生、勝手にまとめないでよ。

でも、どら焼きとケーキと団子はみんな共通《きょうつう》して甘いものと言えるでしょう？

大人はなんでもまとめたがるね。どうせ、なにかのワザなんじゃないの？

するどいね。こんな風に説明文《せつめいぶん》の中にもくわしく書いてあるところと、まとめになっているところがあるんだよ。「ワザ3・具体と抽象《ちゅうしょう》」具体と抽象を分けて読むワザ。「桃太郎劇場《ももたろうげきじょう》」を見てごらん。

人知れずトレーニングをしていたキジは鬼《おに》に勝ったね。

それが具体例なんだよ。筆者はキジの例を通して、みんなに伝《つた》えたいことがあるんだよ。その筆者の意見が抽象。

あ、もうわかった。努力《どりょく》は裏切《うらぎ》らないってことを伝《つた》えるために、キジの具体例を出しているってことね。努力は裏切らないってほうが抽象ってやつ？　だったら、それだけ言えばいいじゃん。まわりくどくない？

でも、いきなり「努力は裏切らない」って言われても、説《せっ》得力《とくりょく》がないでしょ？　抽象だけ言ってもダメなんだよ。

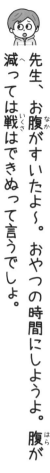

たしかに。具体例が書いてあると、意見がわかりやすくなるね。あれ？　じゃあ、具体例と意見だったらどっちが大事なの？

どっちだと思う？

意見だな。だって言いたいことでしょ？

その通り。筆者は意見をみんなにわかりやすく伝《つた》えるために具体例を挙《あ》げてるんだよ。具体例が出てきたら、大まかにでもいいから（　）でくくるといいよ。そうすると具体と抽象を見分けやすくなるよ。

大事なのは（　）の前後ってことね。ズバリそのあたりに筆者の意見が書いてあるんだ。でもさあ、接続詞《せつぞくし》の「たとえば」が書いてあると具体例ってわかるけど…、そうじゃないときもあるでしょ？

「たとえば」がついていない具体例も多いんだ。

最悪《さいあく》だー！

ある事柄《ことがら》が突然《とつぜん》出てきたら具体例の可能性《かのうせい》大。自然《しぜん》が話題の説明文《せつめいぶん》で突然チョウが出てきたり、科学の話で突然宇宙《うちゅう》人《じん》の話が出てきたりとか。

へー。ある事柄ね。じゃあ、（　）でくくってみるか。

桃太郎劇場《ももたろうげきじょう》⑤

わかったらチェック！

- ある事柄が出てきたら具体例の可能性大。
- 具体例をおおまかに（　）でくくる。
- （　）の前後は抽象。筆者の意見あり。

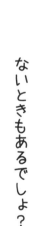

STEP

説明文攻略《せつめいぶんこうりゃく》の「3つのミッション」に取り組みながら問題を解《と》こう！

● 次の文章を読んで、あとの問いに答えなさい。

　生物は敵《てき》がいることによって進化する。これを説明《せつめい》するのが、生物学者リー・ヴァン・ヴェーレンが提唱《ていしょう》した「赤の女王説《せつ》」と呼《よ》ばれるものである。

「赤の女王」というのは、ルイス・キャロルの名作「ふしぎの国のアリス」の続編《ぞくへん》である「鏡《かがみ》の国のアリス」に登場する人物である。「鏡の国のアリス」の中で、赤の女王はアリスにこう教える。

「いいこと、ここでは同じ場所にとどまっているだけでも、せいいっぱい駆《か》けてなくちゃならないんですよ」

　こう言われてアリスも赤の女王といっしょに走り出す。しかし、まわりの風景《ふうけい》はまったく変《か》わらない。まわりの物も全力で走るアリスと同じスピードで動いていたのである。だから、そこにとどまるためには全力疾走《＊しっそう》で走りつづけなければいけないのだ。

　生物の進化もこの話とよく似《に》ている。攻撃《こうげき》を受ける生物は、身を守るために、防御手段《＊ぼうぎょしゅだん》を進化させる。そして、攻撃する方の生物も、防御手段を破《やぶ》るために進化を遂《と》げる。すると守る側《がわ》もさらに防御手段を進化させる。こうして進化し続《つづ》けなければ生き残《のこ》れない。そして、どの生き物も進化をしているから、どんなに進化しても防御側も攻撃側も、極端《きょくたん》に有利《ゆうり》になることはない。まさに進化の道を走り続《つづ》けても、まわりの景色《けしき》は変《か》わらないのだ。

　肉食獣《にくしょくじゅう》に食べられる草食動物も、エサとして食べるという点では、植物を攻撃している。他方、ライオンやトラのような強い肉食獣《にくしょくじゅう》であっても、寄生虫《きせいちゅう》や病原菌《びょうげんきん》の攻撃を常《つね》に受ける。

　自然界《しぜんかい》では、ほとんどの生き物が攻撃する側であり、同時に攻撃を受ける側でもある。その

3つのミッション

①話題に〇印《しるし》を付《つ》ける。
②具体例《ぐたいれい》を（　）でくくる。
③「しかし」などの逆接《ぎゃくせつ》・「つまり」などの言いかえの接続詞《せつぞくし》に△をつけて、筆者の意見に――線を引く。

上の文に、鉛筆《えんぴつ》で書き込《こ》んでみてね。

疾走　速く走ること。

防御　防《ふせ》ぎ守ること。

しのぎを削る　激《はげ》しく争《あらそ》う。

かくして　こうして。このようにして。

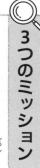

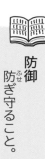

ため、しのぎを削《けず》り合いながら、激《はげ》しい進化の競争《きょうそう》を繰《く》り広《ひろ》げているのである。

かくして、生物は常に、変わり続けているのである。

植物は昆虫《こんちゅう》や動物に食べられないように、さまざまな防御手段をとっている。葉を変形《へんけい》させてとげにしたり、さまざまな毒成分《どくせいぶん》をたくわえて食害《しょくがい》を受けないようにしている。

しかし、それだけではない。植物はむしろ、「食べられること」を利用《りよう》している。そして食べられることで成功《せいこう》を遂《と》げているのである。これぞまさに「強い者」を利用《りよう》する究極《きゅうきょく》の奥義《おうぎ》と言えるだろう。

「食べられることを利用する」とは、いったいどういうことなのだろう。

植物は受粉《じゅふん》をするために、花粉《かふん》を作る。古くは、植物はすべて花粉を風に乗せて運ぶ風媒花《ふうばいか》であった。しかし、気まぐれな風で花粉を運ぶ方法《ほうほう》は、いかにも非効率《ひこうりつ》である。どこに花粉が運ばれるかわからない風まかせな方法では、他の花に花粉がたどりつく可能性《かのうせい》は極《きわ》めて低《ひく》いからだ。そのため、風媒花は花粉を大量《たいりょう》に作ってばらまかなければならない。

その花粉をエサにするために、昆虫が花にやってきた。花粉は食べられるばかりである。昆虫は花から花へと、花粉を食べあさる。そのうち、昆虫の体に付《つ》いた花粉が、他の花に運ばれて受粉《じゅふん》されるようになった。

そして、植物は昆虫に花粉を運ばせることを思いついた。花から花へと移動《いどう》する昆虫に花粉を運ばせる方法《ほうほう》は、風に乗せて花粉を運ぶ方法に比《くら》べれば、ずっとカクジツで効果的《こうかてき》である。そのため、むやみやたらに花粉を作る必要《ひつよう》はなく、生産《せいさん》する花粉の量《りょう》をずっと少なくすることができるようになった。つまり低《てい》コスト化に成功《せいこう》したのである。そして、浮《う》いた分のコストで、昆虫を呼《よ》び寄《よ》せるために花を花びらで彩《いろど》り、昆虫のために蜜《みつ》を用意したのである。こうして、植物は巧《たく》みに昆虫を利用しているのである。

植物は昆虫のために蜜を用意し、昆虫は植物のために花粉を運ぶ。この植物と昆虫との関係《かんけい》はWin-Winの共生関係《きょうせいかんけい》にあると言われている。しかし、もともとは植物にとって昆虫は花粉を食べる天敵《てんてき》であった。その天敵を利用したのである。

植物は昆虫だけでなく、①鳥も利用している。

奥義
学問や芸術《げいじゅつ》などで、いちばん大事なことがら。

効率
かけた手間ひまと、はかどりぐあいを比《くら》べた割合《わりあい》。

コスト
物を生産《せいさん》するのにかかる費用《ひよう》。

巧み
手ぎわがよいようす。じょうず。

Win-Win
おたがいに利益《りえき》がある。おたがいにとって満足《まんぞく》な。

共生
ちがう種類《しゅるい》の生物が、たがいに助け合って生活すること。

天敵
その動物にとって、おそろしい敵になる動物。

03

ワザ3・具体と抽象

鳥が植物の果実《かじつ》を食べると、果実といっしょにタネも食べられる。そして、鳥の消化管《しょうかかん》をタネが通り抜《ぬ》けてフンと一緒《いっしょ》にタネが排出《はいしゅつ》される頃《ころ》には、鳥も移動《いどう》し、タネが見事に移動することができるのである。植物は鳥にエサを与《あた》え、鳥は植物のタネを運ぶ。鳥と植物とは共生関係《きょうせいかんけい》にあるのである。

しかし、もともと鳥はタネやタネを守る＊子房《しぼう》をエサにしようとやってきたことだろう。植物は、その鳥を利用《りよう》して、タネを運ばせるようになったのである。

秋になるとネズミやリスは、冬の間のエサにするためにドングリを集める。ドングリはクヌギやコナラなどのタネである。ネズミやリスはドングリを食べてしまうが、一部は食べ残《のこ》したり、あるいは隠《かく》し場所を忘《わす》れてしまう。そして、春になるとドングリは芽《め》を出すのである。このネズミやリスの行動によって、クヌギやコナラは見事にタネを移動させ、分布《ぶんぷ》を広げるのである。

ドングリもネズミやリスに攻撃《こうげき》されて、食べられる存在《そんざい》である。しかし食べられることを逆《さか》手《て》にとって、種子《しゅし》を運ばせるということを考えたのである。

「蜜《みつ》で昆虫《こんちゅう》を呼《よ》び寄《よ》せ、花粉《かふん》を運ばせる」

「甘《あま》い果実で鳥を呼《よ》び寄《よ》せて、タネを運ばせる」

「種子を多めに作って小動物を呼《よ》び寄《よ》せて、タネを運ばせる」

このような仕組みを持つ＊被子《ひし》植物は、恐竜《きょうりゅう》時代の終わりころに進化を遂《と》げたと考えられている。

時代を問わず、自然界《しぜんかい》には食うか食われるかの、厳《きび》しい掟《おきて》がある。植物を食いあさった草食恐竜は肉食恐竜に食い殺《ころ》され、その肉食恐竜をさらに巨大《きょだい》な恐竜が食い殺す。そんな＊殺伐《さつばつ》とした自然界で、植物は、昆虫や鳥と、Win-Winとなる＊相利共生《そうりきょうせい》の＊パートナーシップを築《きず》いたのである。

もともとは、植物は食べられる存在《そんざい》であった。そして、それを避《さ》けるのではなく、むしろ積《せっ》極的《きょくてき》に食べられることを利用して、自らの利益《りえき》を勝ち取ったのである。何という＊高等戦術《せんじゅつ》だろう。

子房
めしべの下のほうにあるふくらんだ部分。めしべの先に、花粉《かふん》がつくと、ここが実になる。

被子植物
種子《しゅし》植物のうち、胚珠《はいしゅ》が子房に包《つつ》まれているもの。さくら・いねなど。

殺伐
あらあらしく、あたたかみが感じられないようす。

相利共生
異《こと》なる生物種《しゅ》が同所的《てき》に生活することで、たがいに利益《りえき》を得《え》ることができる共《きょう》生関係《せいかんけい》のこと。

パートナーシップ
対等で友好的《ゆうこうてき》な協力関係《きょうりょくかんけい》。

高等
程度《ていど》や段階《だんかい》が高いこと。

そして、このパートナーシップを築くために植物がしたことは何か。花粉を食べられるだけでなく、さらに蜜という魅力的《みりょくてき》な贈《おく》り物《もの》を昆虫に与《あた》えたのである。

子房を食べられることを避《さ》けるのではなく、むしろ子房を発達《はったつ》させて甘い果実を用意した。

そして、ドングリを食べにくる小動物には、さらに多くのドングリを用意したのである。

つまり、②自分の利益より相手の利益を先に与えることで、*双方《そうほう》に利益をもたらす友好関係《ゆうこうかんけい》を提案《ていあん》したのである。

*聖書《せいしょ》には「与えよ、さらば与えられん」という言葉がある。

これこそが進化の過程《かてい》で植物が実践《じっせん》した思想なのだろう。この言葉を説《と》いたキリストが現《あらわ》れるはるか以前《いぜん》に、植物はこの真理に気がついていたのである。

（稲垣栄洋《いながきひでひろ》「弱者の戦略《せんりゃく》」より）

双方
あちらとこちら。両方。

聖書
キリスト教の教えが書いてある本。

ゴールの問題

問1 ――線部①「鳥も利用している」とありますが、植物がどのように鳥を利用しているかを昆虫と比較《ひかく》して次の表のようにまとめました。（ 1 ）・（ 2 ）にあてはまることばを、（ 1 ）は本文から5字以内《いない》で探《さが》して書きぬき、（ 2 ）は本文のことばを使って15字以内で書き、表を完成《かんせい》させなさい。（、。「」は字数に数えます。）

1 □□□□□

2 □□□□□□□□□□□□□□□

利用するもの	用意するもの	どのように利用しているか
昆虫	蜜	受粉の助けとなってもらい、生き残ることができた。
鳥	（ 1 ）	（ 2 ）、生き残ることができた。

問2 ――線部②「自分の利益より相手の利益を先に与える」とありますが、自分の利益につなげるための例《れい》として本文にあげられているものを次のア～エから一つ選《えら》び、記号で答えなさい。

ア 植物が、ネズミやリスに、食べさせるためのドングリをあらかじめたくさん用意する。

イ 植物が、ネズミやリスにドングリを用意して、天敵《てんてき》に見つかりにくい場所へとみちびく。

ウ 植物が、草食恐竜《きょうりゅう》の食料《しょくりょう》とならないために、葉をとげに変形《へんけい》させたり毒成分《どくせいぶん》を蓄《たくわ》えたりする。

エ　植物が、草食恐竜《きょうりゅう》の生息地に合わせて分布《ぶんぷ》できるよう、その地に適《てき》した性質《せいしつ》に変化《へんか》する。

（雲雀丘《ひばりがおか》学園中学校・２０２１年度）

JUMP! 先生と一緒《いっしょ》に、もう一度問題文を読んでみよう!

● 次の文章を読んで、あとの問いに答えなさい。

生物は敵《てき》がいることによって進化する。これを説明《せつめい》するのが、生物学者リー・ヴァン・ヴェーレンが提唱《ていしょう》した「赤の女王説《せつ》」と呼《よ》ばれるものである。

「赤の女王」というのは、ルイス・キャロルの名作「ふしぎの国のアリス」の続編《ぞくへん》である「鏡《かがみ》の国のアリス」に登場する人物である。「鏡の国のアリス」の中で、赤の女王はアリスにこう教える。

「いいこと、ここでは同じ場所にとどまっているだけでも、せいいっぱい駆《か》けてなくちゃならないんですよ」

こう言われてアリスも赤の女王といっしょに走り出す。しかし、まわりの風景《ふうけい》はまったく変《か》わらない。まわりの物も全力で走るアリスと同じスピードで動いていたのである。だから、そこにとどまるためには全力疾走《しっそう》で走りつづけなければいけないのだ。

生物の進化もこの話とよく似《に》ている。攻撃《こうげき》を受ける生物は、身を守るために、防御手段《ぼうぎょしゅだん》を進化させる。そして、攻撃する方の生物も、防御手段を破《やぶ》るために進化を遂《と》げる。すると守る側《がわ》もさらに防御手段を進化させる。こうして進化し続《つづ》けなければ生き残《のこ》れない。そして、どの生き物も進化をしているから、どんなに進化しても防御側も攻撃側も、極端《きょくたん》に有利《ゆうり》になることはない。まさに進化の道を走り続《つづ》けても、まわりの景色《けしき》は変《か》わらないのだ。

肉食獣《にくしょくじゅう》に食べられる草食動物も、エサとして食べるという点では、植物を攻撃している。

他方、ライオンやトラのような強い肉食獣《にくしょくじゅう》であっても、寄生虫《きせいちゅう》や病原菌《びょうげんきん》の攻撃《こうげき》を常《つね》に受ける。自然界《しぜんかい》では、ほとんどの生き物が攻撃する側であり、同時に攻撃を受ける側でもある。その

話題ってどうやってつかむんだっけ？

話題なんだから、当然《とうぜん》何回も出てくるんでしょ。

そうだね。くり返し何度も出てくる言葉に注目すれば話題がつかめるね。

アリスが何度も出てくるよ。

でもそれは、今回のテーマの具《ぐ》体例《たいれい》ってやつなんだよ。生物の進化について、アリスを登場させて何かを説明《せつめい》しようとしてるんだね

あちゃ〜。具体例に気づかないとだめだった〜。

話題は？

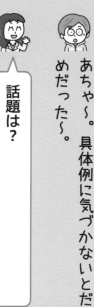

ため、しのぎを削《けず》り合いながら、激《はげ》しい進化の競争《きょうそう》を繰《く》り広《ひろ》げているのである。

かくして、生物は常に、変わり続けているのである。

植物は昆虫《こんちゅう》や動物に食べられないように、さまざまな防御手段をとっている。葉を変形《へんけい》させてとげにしたり、さまざまな毒成分《どくせいぶん》をたくわえて食害《しょくがい》を受けないようにしている。

しかし、それだけではない。植物はむしろ、「食べられること」を利用《りよう》している。そして食べられることで成功《せいこう》を遂《と》げているのである。これぞまさに「強い者」を利用《りよう》する究極《きゅうきょく》の奥義《おうぎ》と言えるだろう。

「食べられることを利用する」とは、いったいどういうことなのだろう。

①植物は受粉《じゅふん》をするために、花粉を作る。古くは、植物はすべて花粉を風に乗せて運ぶ風媒花《ふうばいか》であった。しかし、気まぐれな風で花粉を運ぶ方法《ほうほう》は、いかにも非効率《ひこうりつ》である。どこに花粉が運ばれるかわからない風まかせな方法では、他の花に花粉がたどりつく可能性《かのうせい》は極《きわ》めて低《ひく》いからだ。そのため、風媒花は花粉を大量《たいりょう》に作ってばらまかなければならない。

その花粉をエサにするために、昆虫が花にやってきた。花粉は食べられるばかりである。昆虫は花から花へと、花粉を食べあさる。そのうち、昆虫の体に付《つ》いた花粉が、他の花に運ばれて受粉《じゅふん》されるようになった。

そして、植物は昆虫に花粉を運ばせることを思いついた。花から花へと移動《いどう》する昆虫に花粉を運ばせる方法《ほうほう》は、風に乗せて花粉を運ぶ方法に比《くら》べれば、ずっとカクジツで効果的《こうかてき》である。そのため、むやみやたらに花粉を作る必要《ひつよう》はなく、生産《せいさん》する花粉の量《りょう》をずっと少なくすることができるようになった。つまり低《てい》コスト化に成功《せいこう》したのである。そして、浮《う》いた分のコストで、昆虫を呼《よ》び寄《よ》せるために花を花びらで彩《いろど》り、昆虫のために蜜《みつ》を用意したのである。こうして、植物は巧《たく》みに昆虫を利用しているのである。

植物は昆虫のために蜜を用意し、昆虫は植物のために花粉を運ぶ。この植物と昆虫との関係《かんけい》はWin-Winの共生関係《きょうせいかんけい》にあると言われている。しかし、もともとは植物にとって昆虫は花粉を食べる天敵《てんてき》であった。その天敵を利用したのである。

植物は昆虫だけでなく、①鳥も利用している。

生物の進化のことだね。

ここに問いかけがあるね。

新しい話題が始まった合図だね。問いかけに対する答えを探《さが》しながら読むんだったね。

答えはすぐにありそうかな?

問いかけのすぐ後が具体例っぽい。

どんな例を挙《あ》げているのかな?

①植物と昆虫《こんちゅう》、②植物と鳥、③植物と小動物を挙げているよ。

これらの具体例を通して言いたいことはどこにまとめられていると思う?

64〜65行目（Win-Win〜築いたのである。）!

具体と抽象《ちゅうしょう》がつかめてきたね。

②鳥が植物の果実《かじつ》を食べると、果実といっしょにタネも食べられる。そして、鳥の消化管《しょうかかん》をタネが通《ぬ》り抜けてフンと一緒《いっしょ》にタネが排出《はいしゅつ》される頃《ころ》には、鳥も移動《いどう》し、タネが見事に移動することができるのである。植物は鳥にエサを与《あた》え、鳥は植物のタネを運ぶ。鳥と植物とは共生関係《きょうせいかんけい》にあるのである。

しかし、もともと鳥はタネやタネを守る子房《しぼう》をエサにしようとやってきたことだろう。植物は、その鳥を利用《りよう》して、タネを運ばせるようになったのである。

③秋になるとネズミやリスは、冬の間のエサにするためにドングリを集める。ドングリはクヌギやコナラなどのタネである。ネズミやリスはドングリを食べてしまうが、一部は食べ残《のこ》したり、あるいは隠《かく》し場所を忘《わす》れてしまう。そして、春になるとドングリは芽《め》を出すのである。このネズミやリスの行動によって、クヌギやコナラは見事にタネを移動させ、分布《ぶんぷ》を広げるのである。

ドングリもネズミやリスに攻撃《こうげき》されて、食べられる存在《そんざい》である。しかし食べられることを逆《さか》手《て》にとって、種子《しゅし》を運ばせるということを考えたのである。

①「蜜《みつ》で昆虫《こんちゅう》を呼《よ》び寄《よ》せ、花粉《かふん》を運ばせる」
②「甘《あま》い果実で鳥を呼《よ》び寄《よ》せて、タネを運ばせる」
③「種子を多めに作って小動物を呼《よ》び寄《よ》せて、タネを運ばせる」

このような仕組みを持つ被子《ひし》植物は、恐竜《きょうりゅう》時代の終わりころに進化を遂《と》げたと考えられている。

時代を問わず、自然界《しぜんかい》には食うか食われるかの、厳《きび》しい掟《おきて》がある。植物を食いあさった草食恐竜は肉食恐竜に食い殺《ころ》され、その肉食恐竜をさらに巨大《きょだい》な恐竜が食い殺《ころ》す。そんな殺伐《さつばつ》とした自然界で、植物は、昆虫や鳥と、Win-Winとなる相利共生《そうりきょうせい》のパートナーシップを築いたのである。

もともとは、植物は食べられる存在《そんざい》であった。そして、それを避《さ》けるのではなく、むしろ積極的《きょくてき》に食べられることを利用して、自らの利益《りえき》を勝ち取ったのである。何という高等戦術《せんじゅつ》だろう。

また問いかけがあるね。

その答えは、73行目の「つまり」のあと？

どうしてわかるの？

「つまり」は、前に書かれている具体的《ぐたいてき》な内容《ないよう》をまとめる働《はたら》きでしょ。

その通り。

パートナーシップを築《きず》くために植物は、自分の利益《りえき》より相手の利益《りえき》を先に与《あた》えたんだね。

よく読みとれたね～。

先生！具体例《ぐたいれい》ってもっと細かく（　）でくくっていくと思っていたよ！

そんなに細かく分けたら、テストの時間が終わっちゃうよ。

これぐらいだったらできそう。

そして、このパートナーシップを築くために植物がしたことは何か。花粉を食べられるだけでなく、さらに蜜という魅力的《みりょくてき》な贈《おく》り物《もの》を昆虫に与《あた》えたのである。

子房を食べられることを避《さ》けるのではなく、むしろ子房を発達《はったつ》させて甘い果実を用意した。そして、ドングリを食べにくる小動物には、さらに多くのドングリを用意したのである。

つまり、②自分の利益より相手の利益を先に与えることで、双方《そうほう》に利益をもたらす友好関係《ゆうこうかんけい》を提案《ていあん》したのである。

聖書《せいしょ》には「与えよ、さらば与えられん」という言葉がある。

これこそが進化の過程《かてい》で植物が実践《じっせん》した思想なのだろう。この言葉を説《と》いたキリストが現《あらわ》れるはるか以前《いぜん》に、植物はこの真理に気がついていたのである。

（稲垣栄洋《いながきひでひろ》「弱者の戦略《せんりゃく》」より）

問1だけど、鳥について書いてあったところはどこだったかな？
えっとー、44行目（鳥が植物の果実）～49行目（たのである。）まで。
そうだね。じゃあね、それをまとめたところはどこかな？
58行目（甘い果実～運ばせる）！
これで答えはわかったかな。
わかった！　植物が用意するものは、甘い果実だ。ちぇっ。果実って答えちゃった。
まとめの部分を見るのが大事だよ。

ゴールの問題

問1 ——線部①「鳥も利用している」とありますが、植物がどのように鳥を利用しているかを昆虫と比較《ひかく》して次の表のようにまとめました。（　1　）・（　2　）にあてはまることばを、（　1　）は本文から5字以内《いない》で探《さが》して書きぬき、（　2　）は本文のことばを使って15字以内《いない》で書き、表を完成《かんせい》させなさい。（、。「」は字数に数えます。）

利用するもの	用意するもの	どのように利用しているか
昆虫	蜜	受粉の助けとなってもらい、生き残ることができた。
鳥	（　1　）	（　2　）、生き残ることができた。

1　甘い果実

2（解答例《かいとうれい》）

○　タネを運ぶ助けとなってもらい

○　果実を与えタネを運んでもらい

（同意可《か》）

×　タネを運んでもらい（字数不足）

×　タネを移動させフンが排出され

あ～、間違《まちが》えちゃったよ～。

なんて答えたの？

「タネを移動《いどう》させフンが排出《はいしゅつ》され」って答えた。

フンてだれがするの？

鳥。

問題は、植物が鳥をどのように利用《りよう》してるかを答えるんだよ。鳥がすることは、答えとして合わないね。

そうか。

表の昆虫《こんちゅう》部分を見ると、「受粉《じゅふん》の助けとなってもらい」とあるね。

うん。あ、わかった！　それと同じように答えを考えればいいんだ。（2）以外《いがい》を見てなかったよ。

問2 ——線部② 「自分の利益より相手の利益を先に与える」 とありますが、自分の利益につなげるための例《れい》として本文にあげられているものを次のア〜エから一つ選《えら》び、記号で答えなさい。

ア 植物が、ネズミやリスに、食べさせるためのドングリをあらかじめたくさん用意する。

イ 植物が、ネズミやリスにドングリを用意して、天敵《てんてき》に見つかりにくい場所へとみちびく。

ウ 植物が、草食恐竜《きょうりゅう》の食料《しょくりょう》とならないために、葉をとげに変形《へんけい》させたり毒成分《どくせいぶん》を蓄《たくわ》えたりする。

エ 植物が、草食恐竜《きょうりゅう》の生息地に合わせて分布《ぶんぷ》できるよう、その地に適《てき》した性質《せいしつ》に変化《へんか》する。

（雲雀《ひばり》丘《がおか》学園中学校・2021年度）

ア

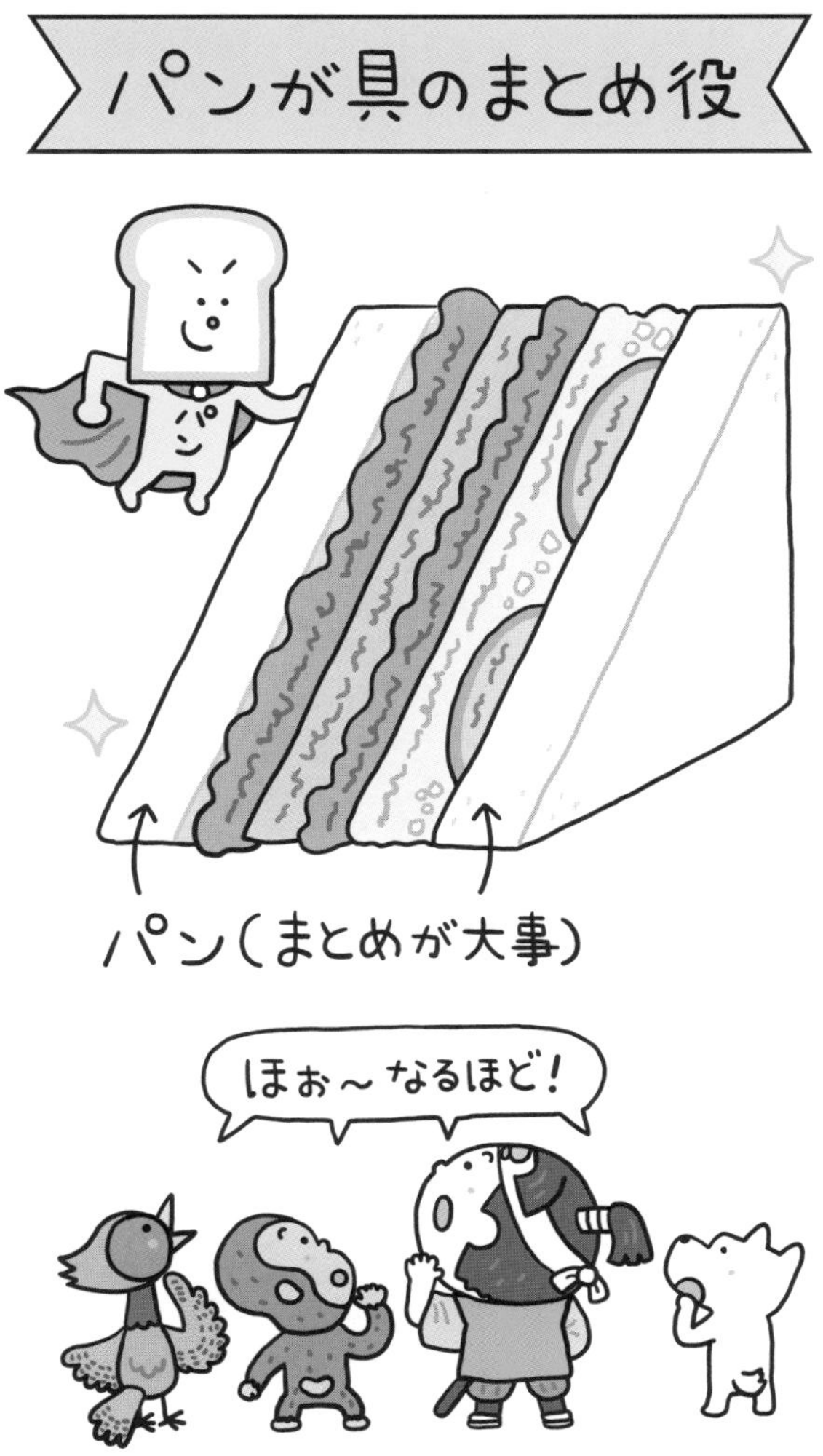
パンが具のまとめ役
パン
パン（まとめが大事）
ほぉ～なるほど！

そういうところにも重要《じゅうよう》なヒントがあるんだよ。

もうわかった。答えは、タネを運ぶ助けとなってもらい、だね。

問2だけど、自分の利益《りえき》につながる例《れい》って3つあったよね。それは、57行目〜59行目（蜜《みつ》で昆虫《こんちゅう》〜運ばせる）にまとめられていた。ここを手がかりにすると、答えはアだね。

目のつけどころがいいね。正《せい》解《かい》。具体と抽象《ちゅうしょう》の読み分けがいかせているね！

04

ワザ4 対比《たいひ》

なんで比《くら》べんのよ

今回のポイント

筆者は比《くら》べることで自分の意見を光らせるんだよ。何と何が比べられていて、筆者はどっちがいいと思ってるのかつかんでいこう！

HOP 対比に注目して、筆者の意見を読み取ろう！

あ〜暑いなあ。ねえ、先生冷《つめ》たいもの買ってきてよ。

先生をおつかいに行かせるんかーい。まあ、いいけど。

あまーくて濃厚《のうこう》バニラアイス。さっぱり軽やかレモンシャーベット。どっちが食べたいでしょう。

ええ〜。難《むずか》しいな…、バニラアイス？

もう先生、話聞いてた？ 暑いからさっぱりした冷たいものが食べたいんだよ？ こってりしてどうすんのさ。

ごめんごめん、じゃあ、要《よう》するに暑いからレモンシャーベットを買って来いってことだね。

先生が間違《まちが》わないようにレモンシャーベットを強調してるのさ。

たしかにバニラアイスと比べるとレモンシャーベットのさっぱり感が際立《きわだ》つね。先生も食べたくなってきちゃった。

比《くら》べるって効果絶大《こうかぜつだい》だね！

じゃあ、ダメ押《お》し。「桃太郎劇場《ももたろうげきじょう》」を見てごらん。

おじいさんとおばあさんを比べてたね。

比べることで、何が言いたかったんだと思う？

がんばり屋さんとなまけ者を比べて、人はがんばりをよく見てるってことでしょ。おじいさんみたいにならずにおばあさんみたいな人にならなきゃって思うね。

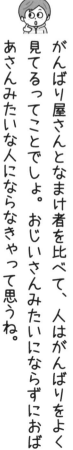

桃太郎《ももたろう》劇場《げきじょう》⑥

ねらい通り。そうやって比べることで筆者は自分の意見をみんなに納得《なっとく》させるんだよ。「ワザ４・対比《たいひ》」たとえば、今と昔、家庭と社会、日本と外国を比べて筆者は自分の意見を光らせるんだ。

じゃあ、比べられてるどっちかが筆者の意見ってこと？

そうだよ。

でも、まだあやふやだからもうちょっと例《れい》を出してみて。

お。今日はやる気だね。じゃあ、もうちょっと説明《せつめい》するね。昔は、人々《ひとびと》と自然《しぜん》の関《かか》わりは密接《みっせつ》だったけど、今は、人々が自然を破壊《はかい》するようになったというふうに比べるんだよ。

へー。

昔と今、筆者はどっち派《は》だと思う？

昔！　人々と自然の関わりが密接なほうがいいって筆者は思ってるんじゃないかな。

その通り。それが筆者の意見だね。対比《たいひ》を見つけたら、筆者がどっち派なのか考えながら読んでいくことが大事。そうすれば筆者の意見が読み取りやすくなるよ。

いいこと教わった！

わかったらチェック！

- 比べられている事柄《ことがら》を発見する。
- 比べることで筆者は何を言いたいのか読み取る。
- 比べられているものは２つとは限《かぎ》らない。

STEP

説明文攻略《こうりゃく》の「3つのミッション」に取り組みながら問題を解《と》こう！

● 次の文章を読んで、あとの問いに答えなさい。なお出題の関係《かんけい》上本文を一部改《あらた》めた部分がある。

アフリカの赤道直下、*ヴィルンガ火山群《かざんぐん》の山地林でマウンテンゴリラの観察《かんさつ》を始めて間もないころのことだ。私《わたし》がゴリラから数メートルの距離《きょり》を置《お》いて観察していると、近くを通りかかった若《わか》いオスのゴリラがちらっと私の方を見て近寄《ちかよ》ってきた。

これはまずい、と私は思った。

それまで野生ニホンザルの調査《ちょうさ》をしてきた私は、サルに近づかれたらサルのルールに従《したが》って行動せよ、という*鉄則《てっそく》を守ってきた。ニホンザルの社会では、相手を見つめるのは強いサルの*特権《とっけん》である。弱いサルは強いサルに見つめられたら、決して見返してはいけない。目を合わすと挑戦《ちょうせん》したと受け取られ、強いサルから攻撃《こうげき》されることになるからだ。目をそらすか、歯をむき出して笑《わら》ったような表情《ひょうじょう》を浮《う》かべ、自分が逆《さか》らうつもりがないことを表明しなければならない。そこに相手と*競合《きょうごう》するような食物があればなおさらのこと、決して食物に手をのばしてはいけない。だいたいサルが近づいてくるというのは、私の周《まわ》りにサルの関心《かんしん》を引くものがあるからだし、そのサルは自分の方が私より強いと感じているはずなので、刺激《しげき》しないようにそっと目を伏《ふ》せておく方が無難《ぶなん》である。

だから、ゴリラのシリーが近づいてきたときも、私はシリーの方を見ないように目を伏せた。ところが、シリーは一メートル前で止まって、じっと私の顔をのぞきこんだのである。若いオスとはいえ、一〇〇キログラムを*優《ゆう》に超《こ》える*巨漢《きょかん》である。グローブのような手をしているし、長くて鋭《するど》い*犬歯が光る。つかまれて咬《か》まれでもしたら重傷《じゅうしょう》を負いかねない。私は逆らうつもり

3つのミッション

① 話題に◯印《しるし》を付《つ》ける。
② 具体例《ぐたいれい》を（ ）でくくる。
③ 「しかし」などの逆接《ぎゃくせつ》・「つまり」などの言いかえの接続詞《せつぞくし》に△をつけて、筆者の意見に——線を引く。

上の文に、鉛筆《えんぴつ》で書き込《こ》んでみてね。

ヴィルンガ火山群
ルワンダ、コンゴ民主共和国《みんしゅきょうわこく》、ウガンダ国境地域《こっきょうちいき》に位置《いち》する火山群。

鉄則
動かすことのできないかたい規則《きそく》。

特権
特別《とくべつ》の権利《けんり》。

がないことを示《しめ》すため、さらに横を向いた。すると、シリーは私が向けた方へと顔を寄《よ》せ、さらに私の顔を正面からじっと見つめたのである。顔と顔の距離《きょり》はわずか二〇センチほどしかない。私は恐怖《きょうふ》に駆《か》られて目を伏《ふ》せてじっとしていた。意外なことに、シリーはしばらく私の顔をのぞきこむと、低《ひく》い声でうなり、二、三歩遠ざかると、ぽこぽこぽこぽこと両手で力強く胸《むね》を打っては足早に遠ざかって行ったのである。

しばし*呆然《ぼうぜん》とシリーを見送った私は、ひょっとしたら、シリーの行動を私が誤解《ごかい》したのではないかと思った。ニホンザルと同じことだと思っていたが、ゴリラが顔をのぞきこむのは違《ちが》う意味があるのかもしれない。そこで、私はゴリラどうしの行動をもっと注意深く観察してみることにした。すると、これまでただ近くによるだけで何もしていないと思っていた行動が、実は重要《じゅうよう》な機能《きのう》を果《は》たしていることに気づいた。ゴリラどうしが近づきあって顔を合わす。でもニホンザルやチンパンジーのように体に触《ふ》れることもないし、抱《だ》き合ったり、相手に馬乗りになったりすることもないので、私は何か意味のある交渉《こうしょう》をしたとは見なしてこなかった。ところが、それは、ゴリラのあいさつ、遊びの誘《さそ》い、求愛《きゅうあい》、仲直《なかなお》り、けんかの仲裁《*ちゅうさい》などに用いられていたのである。顔を合わせても、どちらかがニホンザルのような歯をむき出す笑《わら》いを浮《う》かべることはない。どちらも無表情《むひょうじょう》のまま、一分近くも至近距離《*しきんきょり》でじっと顔を合わせるのだ。何とも不思議《ふしぎ》で静《しず》かな社会交渉に見えた。

そのうち、私はこれが①ゴリラの社会性《*しゃかいせい》を表す典型的《*てんけいてき》な構《かま》えであることに気づいた。ニホンザルは常《つね》に自分と相手のどちらが強いかを認識《*にんしき》し、確《たし》かめながら暮《く》らしている。群《む》れで仲間《なかま》といっしょに移動《いどう》すれば、食物や休み場所、交尾《こうび》の相手をめぐって仲間《なかま》と競合が生じる。それを防《ふせ》ぐために、あらかじめ優劣関係《*ゆうれつかんけい》を作り、弱い立場のサルが自分の行動を抑制《*よくせい》するように調節《ちょうせつ》しているのだ。ところが、ゴリラはサルのような優劣関係を認識《にんしき》していない。ゴリラのオスはメスの二倍近い体重を持つ。子どものゴリラの二倍以上《いじょう》もある。でも、どんなに体の差《さ》があっても、小さいゴリラは劣位《*れつい》な態度《たいど》を取らない。体の大きなゴリラが近づいてきて顔をのぞきこんでも、視線《しせん》をそらすことなく、相手の顔をじっと見返す。自分が食べようとしていた食物を横取りされたら、ゴツゴツと不満《ふまん》の声を出す。決して負けていないのである。

競合
せりあうこと。

優に超える
十分に上回る。

巨漢
体の大きな男。

犬歯
前歯の両がわにある、とがった歯。上下に2本ずつある。糸切り歯。

呆然
あっけにとられたようす。

仲裁
けんかの間に入って、仲直りさせること。

至近距離
距離《きょり》がひじょうに近いこと。

社会性
社会に適応《てきおう》する性格《せいかく》。社会一般《いっぱん》に通じる性質《せいしつ》。

ゴリラには、ドラミングという両手の平で交互《こうご》に胸《むね》をたたく動作が見られる。これは長い間、ゴリラの宣戦布告《せんせんふこく》と見なされ、ゴリラの*凶暴性《きょうぼうせい》を示《しめ》す態度《たいど》と考えられてきた。野生のゴリラの行動が群《む》れの中で観察されるようになって、やっとドラミングが戦《たたか》いの合図ではないことが分かるようになったのである。ドラミングはオスの*専売特許《せんばいとっきょ》ではない。音は小さいが、メスも子供《こども》も胸《むね》をたたく。それは、遊びの合図だったり、好奇心《こうきしん》や興奮《こうふん》だったり、不満《ふまん》の表明だったり、自己主張《じこしゅちょう》だったりする。特定《とくてい》の相手に向けられないことも多い。

私が驚《おどろ》いたのは、背中《せなか》の白い大きなオスどうしが近づきあってけんかが起こりそうになったとき、まだ若《わか》いシリーがするするっとオスたちの間に割《わ》り込《こ》んでけんかを止めたことだ。このときもシリーは二頭のオスにかわるがわる近づいてその顔をのぞきこみ、互《たが》いを遠ざけることに成功《せいこう》した。ニホンザルでは決してこのような仲裁《ちゅうさい》は起こりえない。体の小さなサルが大きなサル同士《どうし》のけんかに*介入《かいにゅう》したら、すぐさま攻撃《こうげき》されて仲裁どころではなくなってしまうからだ。ゴリラでそれが可能《かのう》なのは、体の大きさに応《おう》じて優劣《ゆうれつ》が決まっていないことと、勝敗《しょうはい》をつけることがトラブルの解決《かいけつ》とされていないからである。ぶつかり合おうとしたオスたちはどちらも負けようとは思っていない。だから実際《じっさい》に組み合えば、どちらもけがなしには終わらない。誰《だれ》かが割《わ》って入ってくれれば、けんかをせずにどちらともメンツを失《うしな》わずに引き分けることができる。そこで、自分たちよりも体の小さい仲裁者に従《したが》うのである。

つまり、群《む》れ生活に平和と*秩序《ちつじょ》をもたらすルールがニホンザルとゴリラとでは違《ちが》うのだ。ニホンザルは互《たが》いに優劣《ゆうれつ》を認知《にんち》し、勝ち負けをすぐに決めてトラブルを防《ふせ》ぐ。ゴリラは勝ち負けを決めずに、第三者が仲裁に入ることによって対等性を維持《いじ》する。メンツを保《たも》つためには、仲裁者は小さいほうがいいし、もし大きなゴリラが仲裁に入ったら、力づくで止められたということになり、メンツが保てなくなるからだ。相手をのぞきこむ行動もドラミングも、こういった、ゴリラの*対等性を*維持《いじ》するために発達《はったつ》したに違《ちが》いない。

こうした②ニホンザルとゴリラの社会性を人間と比《くら》べてみると、人間はサルではなく、ゴリラに近い社会性を持っているように見える。子どものころから人間は負けず嫌《ぎら》いだし、トラブルを勝ち負けで解決《かいけつ》するのではなく、第三者が仲裁して互《たが》いの*メンツを保とうとする傾向《けいこう》が強い

典型的
いかにもそれらしいようす。

認識
ものごとのほんとうのことを、はっきり知ること。また、その心の働き。

優劣
まさっているか、おとっているかということ。

抑制
気持ちや動きをおさえて、とどめること。

劣位
ほかよりおとっている地《ち》位《い》。

凶暴
性質《せいしつ》がひどく悪く、行動が乱暴《らんぼう》なこと。

専売特許
その集団や人にしかできない技術。特技。おはこ。

介入
事件《じけん》などにわりこんでかかわること。

からだ。しかし、人間はゴリラほど徹底的《てっていてき》に対等性にこだわるわけではない。相手に勝ちたい、仲間《なかま》より優位《ゆうい》に立ちたいという気持ちも持っている。ただ、そこには慎重《しんちょう》な気配りが働《はたら》いている。勝つことによって、実は自分が*不利《ふり》な状況《じょうきょう》に置《お》かれることが多いからである。

ニホンザルのように、勝つことは相手を*屈服《くっぷく》させ、*抑制《よくせい》させ、押《お》しのけることを結果《けっか》する。勝者と敗者《はいしゃ》は対等ではなく、勝者が利益《りえき》を独《ひと》り占《じ》めにする。だから、勝っても勝者は敗者と友達《ともだち》にはなれない。でも、負けないでいようとすることは相手と対等な立場が目標《もくひょう》なので、相手を屈服させたり押しのけたりすることにはならない。友達を失《うしな》わないし、かえって仲良《なかよ》くなれるかもしれないが、常《つね》にトラブルが起こる危険《きけん》が生じる。そのため、間を取り持ってくれる別《べつ》の仲間《なかま》が必要《ひつよう》なのである。人間はこういったことにいつも最大限《さいだいげん》の注意を払《はら》いながら暮《く》らしている。勝ちたいけれど友達は失《うしな》いたくないから、勝利《しょうり》を*誇《ほこ》らず、しきりに敗者に気配りをする。サルのように利益《りえき》を独占《どくせん》せず、みんなに気前よく分配する。ゴリラのように、自分より弱い仲裁者であっても言うことを聞いてメンツを保つ。人間は互いに対等であることに常に気を配りながら社会を作ってきたように思える。

しかし、現代《げんだい》の社会は*効率性《こうりつせい》を重視《じゅうし》するあまり、勝敗《しょうはい》をつけることでトラブルを解決《かいけつ》する傾《けい》向《こう》を強めているように見える。それは、「負けまいとする態度《たいど》」を「勝とうとする気持ち」に読み替えることによって加速《かそく》している。サルとゴリラのように、この二つははっきりと違う社会性を作り出す。それを混同《こんどう》して同じものと見なすことによって、日本は競争《きょうそう》社会を乗り切ろうとしている。*鈍感《どんかん》な親たちは、負けたくないと思う子どもたちを見て、「勝ちたい」と思っていると誤解《ごかい》し、尻《しり》を叩《たた》いて勝たそうとする。その結果《けっか》、*不本意ながら勝利《しょうり》を手にした子どもたちは友達を失《うしな》い、しだいに孤独《こどく》になっていく。ねたまれ、うらまれ、*疎《うと》んじられていじめにあい、孤立《こりつ》していく。

そんな事態《じたい》を深刻《しんこく》化させる前に防《ふせ》ぐには、もう一度人間の社会の*由来を考え直してほしい。人間はニホンザルではなく、ゴリラと共通《きょうつう》の祖先《そせん》から対等性《せい》をより重んじる社会を受け継《つ》いできた。それは、互いに静《しず》かに向き合う交渉《こうしょう》を持つことによって保たれてきた。人間らしい社会を作る上で、顔と顔とを合わせ、互《たが》いの暖《あたた》かい関係《かんけい》を確《たし》かめ合うことはとても重要《じゅうよう》な*コミュニ

秩序
ものごとの正しい順序《じゅんじょ》や、きまり。

対等
どちらが上で、どちらが下だということのないこと。同等。

維持《いじ》
そのままの状態《じょうたい》を保ち続《つづ》けること。

第三者
そのことに直接関係《ちょくせつかんけい》のない人。

メンツ
体裁《ていさい》。面目。名誉《めいよ》。

不利
利益《りえき》がないこと。損《そん》。

屈服
負けて、したがうこと。

抑制
気持ちや動きをおさえて、とどめること。

ケーションなのである。＊IT技術《ぎじゅつ》は私《わたし》たちに、遠《とお》く離《はな》れていても会話や情報交換《じょうほうこうかん》ができる機会《きかい》を与《あた》えてくれた。しかし、それは人間の対等な社会性《しゃかいせい》を保持《ほじ》してくれる力を持っていない。人間が争《あらそ》わず、勝敗《しょうはい》にこだわらず、対等で平等な関係を保《たも》つためには、互《たが》いに顔を合わせる機会を多く持ち、トラブルに仲間《なかま》が＊機敏《きびん》に反応《はんのう》して仲裁《ちゅうさい》するような暮《く》らしを設計《せっけい》することが＊不可欠《ふかけつ》なのである。それは勝つ構《かま》えより、負けない構えの美しさを尊《とうと》ぶ社会といってもいいだろうと思う。

（山極壽一《やまぎわじゅいち》「負けない構《かま》えの美しさをゴリラから学ぶ」より）

ゴールの問題

問1 ——部①「ゴリラの社会性」とありますが、それにあてはまるものを次の中から二つ選《えら》び、記号で答えなさい。

ア 自分と相手のどちらが強いかを常に認識し、確かめながら暮らしている。
イ 効率性を重視し、勝敗をつけることでトラブルを解決する。
ウ トラブルが起きた時に、勝敗をつけることが解決方法とされていない。
エ 自分たちよりも体の小さい仲裁者に従い、どちらとも体面を失わずに引き分ける。
オ あらかじめ優劣関係を作っておくことで、仲間と競合が生じるのを防いでいる。
カ 勝者と敗者は対等ではなく、勝者が利益を独り占めにする関係。

問2 ——部②「ニホンザルとゴリラの社会性」とありますが、「ニホンザル」の社会性とはどのようなものですか。その説明として最もふさわしいものを次の中から一つ選《えら》び、記号で答えなさい。

誇る
じまんする。得意《とくい》になる。名誉《めいよ》だと思っている。

効率
かけた手間ひまと、はかどりぐあいを比《くら》べた割合《わりあい》。

鈍感
ものごとに対する感じ方がにぶいこと。

不本意
自分のほんとうの気持ちや希望《きぼう》とは違《ちが》うこと。

疎んじる
きらってよそよそしくする。そまつに扱《あつか》う。

由来
ものごとが起こってきたわけ。

コミュニケーション
言葉や文字などによって、たがいに気持ちや考えを伝《つた》え合うこと。

ア　自分が食べようとしていた食物を横取りされたら、はっきりと不満の声を出す。
イ　勝利を手にした者は仲間を失うことになり、しだいに孤独になっていく。
ウ　勝ち負けをはっきりとつけないで、どこまでも対等性にこだわる。
エ　勝ちたいけれど仲間を失いたくないから、独り占めせずに、敗者を気づかう。
オ　体の小さな者が大きな者同士のけんかの仲裁をすると、かえって攻撃されてしまう。

（西大和学園中学校・2018年度）

IT技術
情報技術。

機敏
ものごとに対して、動きがすばやいようす。

不可欠
なくてはならないようす。

JUMP!

先生と一緒《いっしょ》に、もう一度問題文を読んでみよう！

● 次の文章を読んで、あとの問いに答えなさい。なお出題の関係《かんけい》上本文を一部改《あらた》めた部分がある。

アフリカの赤道直下、ヴィルンガ火山群《かざんぐん》の山地林でマウンテンゴリラの観察《かんさつ》を始めて間もないころのことだ。私《わたし》がゴリラから数メートルの距離《きょり》を置《お》いて観察していると、近くを通りかかったシリーという若《わか》いオスのゴリラがちらっと私の方を見て近寄《ちかよ》ってきた。

これはまずい、と私は思った。

それまで野生ニホンザルの調査《ちょうさ》をしてきた私は、サルに近づかれたらサルのルールに従《したが》って行動せよ、という鉄則《てっそく》を守ってきた。ニホンザルの社会では、相手を見つめるのは強いサルの特権《とっけん》である。弱いサルは強いサルに見つめられたら、決して見返してはいけない。目を合わすと挑戦《ちょうせん》したと受け取られ、強いサルから攻撃《こうげき》されることになるからだ。目をそらすか、歯をむき出して笑《わら》ったような表情《ひょうじょう》を浮《う》かべ、自分が逆《さか》らうつもりがないことを表明しなければならない。そこに相手と競合《きょうごう》するような食物があればなおさらのこと、決して食物に手をのばしてはいけない。だいたいサルが近づいてくるというのは、私の周《まわ》りにサルの関心《かんしん》を引くものがあるからだし、そのサルは自分の方が私より強いと感じているはずなので、刺激《しげき》しないようにそっと目を伏《ふ》せておく方が無難《ぶなん》である。

だから、ゴリラのシリーが近づいてきたときも、私はシリーの方を見ないように目を伏《ふ》せた。ところが、シリーは一メートル前で止まって、じっと私の顔をのぞきこんだのである。若いオスとはいえ、一〇〇キログラムを優《ゆう》に超《こ》える巨漢《きょかん》である。グローブのような手をしているし、長くて鋭《するど》い犬歯が光る。つかまれて咬《か》まれでもしたら重傷《じゅうしょう》を負いかねない。私は逆らうつもり

ゴリラとサルが出てきたけどこれって話題でいいの？

オッケー。何回も出てくるもんね。つかみはそれでいいよ。ゴリラとサルをくらべて、筆者は何を言いたいのか、読み取っていこうね。

ゴリラとサルがこのあと何回も出てきたら、全部に◯印《しるし》をつけるの？

このあとは、どっちのことが書いてあるのか、混乱《こんらん》しそうになったときだけでいいよ。

どこまでが具体例《ぐたいれい》でどこまでが抽象《ちゅうしょう》（まとめ）かわかんないよ〜。

がないことを示《しめ》すため、さらに横を向いた。すると、シリーは私が向けた方へと顔を寄《よ》せ、さらに私の顔を正面からじっと見つめたのである。顔と顔の距離《きょり》はわずか二〇センチほどしかない。私は恐怖《きょうふ》に駆《か》られて目を伏《ふ》せてじっとしていた。意外なことに、シリーはしばらく私の顔をのぞきこむと、低《ひく》い声でうなり、二、三歩遠ざかると、ぽこぽこぽこぽこと両手で力強く胸《むね》を打っては足早に遠ざかって行ったのである。

しばし呆然《ぼうぜん》とシリーを見送った私は、ひょっとしたら、シリーの行動を私が誤解《ごかい》したのではないかと思った。ニホンザルと同じことだと思っていたが、ゴリラが顔をのぞきこむのは違《ちが》う意味があるのかもしれない。そこで、私《わたし》はゴリラどうしの行動をもっと注意深く観察してみることにした。すると、これまでただ近くによるだけで何もしていないと思っていた行動が、実は重要《じゅうよう》な機能《きのう》を果《は》たしていることに気づいた。ゴリラどうしが近づきあって顔を合わす。でもニホンザルやチンパンジーのように体に触《ふ》れることもないし、抱《だ》き合ったり、相手に馬乗りになったりすることもないので、私は何か意味のある交渉《こうしょう》をしたとは見なしてこなかった。ところが、それは、ゴリラのあいさつ、遊びの誘《さそ》い、求愛《きゅうあい》、仲直《なかなお》り、けんかの仲裁《ちゅうさい》などに用いられていたのである。顔を合わせても、どちらかがニホンザルのような歯をむき出す笑《わら》いを浮《う》かべることはない。どちらも無表情《むひょうじょう》のまま、一分近くも至近距離《しきんきょり》でじっと顔を合わせるのだ。何とも不《ふ》思議《しぎ》で静《しず》かな社会交渉に見えた。

そのうち、私はこれが①ゴリラの社会性を表す典型的《てんけいてき》な構《かま》えであることに気づいた。ニホンザルは常《つね》に自分と相手のどちらが強いかを認識《にんしき》し、確《たし》かめながら暮《く》らしている。群《む》れで仲間《なかま》といっしょに移動《いどう》すれば、食物や休み場所、交尾《こうび》の相手をめぐって仲間《なかま》と競合が生じる。それを防《ふせ》ぐために、あらかじめ優劣関係《ゆうれつかんけい》を作り、弱い立場のサルが自分の行動を抑制《よくせい》するように調節《ちょうせつ》しているのだ。ところが、ゴリラはサルのような優劣関係を認識《にんしき》していない。ゴリラのオスはメスの二倍近い体重を持つ。子どものゴリラの二倍以上《いじょう》もある。でも、どんなに体の差《さ》があっても、小さいゴリラは劣位《れつい》な態度《たいど》を取らない。体の大きなゴリラが近づいてきて顔をのぞきこんでも、視線《しせん》をそらすことなく、相手の顔をじっと見返す。自分が食べようとしていた食物を横取りされたら、ゴツゴツと不満《ふまん》の声を出す。決して負けていないのである。

ざっくりでいいんだよ。今回はシリーが出てきたら、具体例と思ったらいいんだよ。

「しかし」と「つまり」だけに△を付けるんじゃないの？

「でも」や「ところが」は、「しかし」の仲間《なかま》なんだよ。このあとに重要《じゅうよう》なことが書かれていると思って読もう。

ニホンザルは、優劣関係を作るけどゴリラは、優劣関係を認識していないって書いてある！

対比《たいひ》がつかめたね。では、ニホンザル派《は》？　ゴリラ派《は》？　どちらの立場で筆者は意見を述《の》べようとしているんだろうね。

対比で書いているんだから、筆者がどっち派かつかまないとね。この先を読んでみるよ。

ゴリラが優劣関係を認識していない具体例だね。

ゴリラには、ドラミングという両手の平で交互《こうご》に胸《むね》をたたく動作が見られる。これは長い間、ゴリラの宣戦布告《せんせんふこく》と見なされ、ゴリラの凶暴性《きょうぼうせい》を示《しめ》す態度《たいど》と考えられてきた。野生のゴリラの行動が群《む》れの中で観察されるようになって、やっとドラミングが戦《たたか》いの合図ではないことが分かるようになったのである。ドラミングはオスの専売特許《せんばいとっきょ》ではない。音は小さいが、メスも子《こ》供《ども》も胸《むね》をたたく。それは、遊びの合図だったり、好奇心《こうきしん》や興奮《こうふん》だったり、不満《ふまん》の表明だったり、自己主張《じこしゅちょう》だったりする。特定《とくてい》の相手に向けられないことも多い。

私が驚《おどろ》いたのは、背中《せなか》の白い大きなオスどうしが近づきあってけんかが起こりそうになったとき、まだ若《わか》いシリーがするするっとオスたちの間に割《わ》り込《こ》んでけんかを止めたことだ。このときもシリーは二頭のオスにかわるがわる近づいてその顔をのぞきこみ、互《たが》いを遠ざけることに成功《せいこう》した。ニホンザルでは決してこのような仲裁《ちゅうさい》は起こりえない。体の小さなサルが大きなサル同士《どうし》のけんかに介入《かいにゅう》したら、すぐさま攻撃《こうげき》されて仲裁どころではなくなってしまうからだ。ゴリラでそれが可能《かのう》なのは、体の大きさに応《おう》じて優劣《ゆうれつ》が決まっていないことと、勝敗《しょうはい》をつけることがトラブルの解決《かいけつ》とされていないからである。だから実際《じっさい》に組み合えば、どちらもけがなしには終わらない。ぶつかり合おうとしたオスたちはどちらも負けようとは思っていない。誰《だれ》かが割《わ》って入ってくれれば、けんかをせずにどちらともメンツを失《うしな》わずに引き分けることができる。そこで、自分たちよりも体の小さい仲裁者に従《したが》うのである。

つまり、群《む》れ生活に平和と秩序《ちつじょ》をもたらすルールがニホンザルとゴリラとでは違《ちが》うのだ。ニホンザルは互《たが》いに優劣《ゆうれつ》を認知《にんち》し、勝ち負けをすぐに決めてトラブルを防《ふせ》ぐ。ゴリラは勝ち負けを決めずに、第三者が仲裁に入ることによって対等性を維持《いじ》する。メンツを保《たも》つためには、仲裁者は小さいほうがいいし、もし大きなゴリラが仲裁に入ったら、力づくで止められたということになり、メンツが保てなくなるからだ。相手をのぞきこむ行動もドラミングも、こういった、ゴリラの対等性を維持するために発達《はったつ》したに違《ちが》いない。

こうした②ニホンザルとゴリラの社会性を人間と比《くら》べてみると、人間はサルではなく、ゴリラに近い社会性を持っているように見える。子どものころから人間は負けず嫌《ぎら》いだし、トラブルを勝ち負けで解決《かいけつ》するのではなく、第三者が仲裁して互《たが》いのメンツを保とうとする傾向《けいこう》が強い

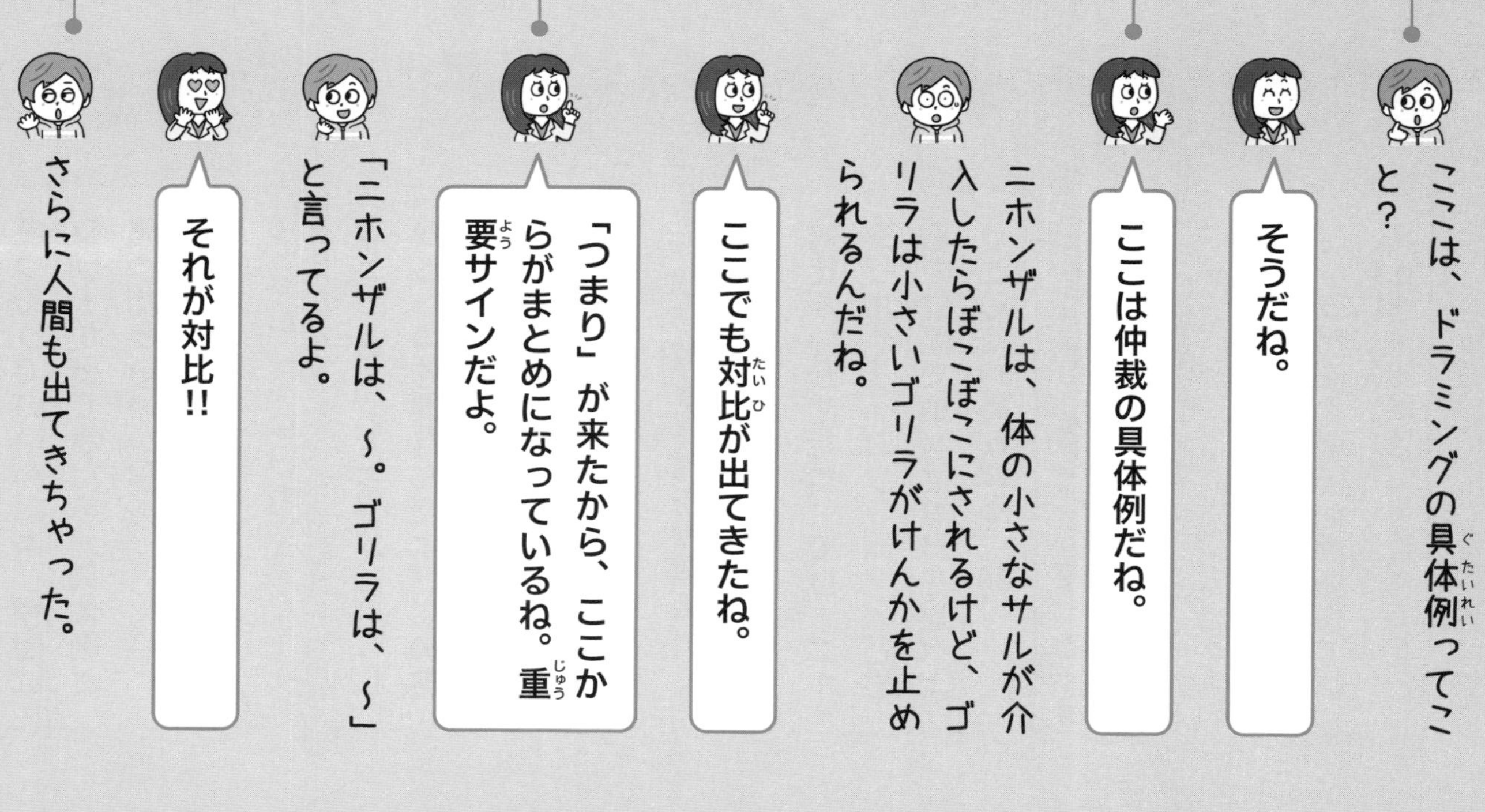

ここは、ドラミングの具体例《ぐたいれい》ってこと?

そうだね。

ここは仲裁の具体例だね。

ニホンザルは、体の小さなサルが介入したらぼこぼこにされるけど、ゴリラは小さいゴリラがけんかを止められるんだね。

ここでも対比《たいひ》が出てきたね。

「つまり」が来たから、ここからがまとめになっているね。重要《じゅうよう》サインだよ。

「ニホンザルは、～。ゴリラは、～」と言ってるよ。

それが対比!!

さらに人間も出てきちゃった。

からだ。しかし、人間はゴリラほど徹底的《てっていてき》に対等性にこだわるわけではない。相手に勝ちたい、仲間《なかま》より優位《ゆうい》に立ちたいという気持ちも持っている。ただ、そこには慎重《しんちょう》な気配りが働《はたら》いている。勝つことによって、実は自分が不利《ふり》な状況《じょうきょう》に置《お》かれることが多いからである。

ニホンザルのように、勝つことは相手を屈服《くっぷく》させ、抑制《よくせい》させ、押《お》しのけることを結果《けっか》する。勝者と敗者《はいしゃ》は対等ではなく、勝者が利益《りえき》を独《ひと》り占《じ》めにする。だから、勝っても勝者は敗者と友《とも》達《だち》にはなれない。でも、負けないでいようとすることは相手と対等な立場が目標《もくひょう》なので、相手を屈服させたり押しのけたりすることにはならない。友達を失《うしな》わないし、かえって仲良《なかよ》くなれるかもしれないが、常《つね》にトラブルが起こる危険《きけん》が生じる。そのため、間を取り持ってくれる別《べつ》の仲間《なかま》が必要《ひつよう》なのである。人間はこういったことにいつも最大限《さいだいげん》の注意を払《はら》いながら暮《く》らしている。勝ちたいけれど友達は失《うしな》いたくないから、勝利《しょうり》を誇《ほこ》らず、しきりに敗者に気配りをする。サルのように利益《りえき》を独占《どくせん》せず、みんなに気前よく分配する。ゴリラのように、自分より弱い仲裁者であっても言うことを聞いてメンツを保つ。人間は互いに対等であることに常に気を配りながら社会を作ってきたように思える。

しかし、現代《げんだい》の社会は効率性《こうりつせい》を重視《じゅうし》するあまり、勝敗《しょうはい》をつけることでトラブルを解決《かいけつ》する傾《けい》向《こう》を強めているように見える。それは、「負けまいとする態度《たいど》」を「勝とうとする気持ち」に読み替《か》えることによって加速《かそく》している。サルとゴリラのように、この二つはははっきりと違う社会性を作り出す。それを混同《こんどう》して同じものと見なすことによって、日本は競争《きょうそう》社会を乗り切ろうとしている。鈍感《どんかん》な親たちは、負けたくないと思う子どもたちを見て、「勝ちたい」と思っていると誤解《ごかい》し、尻《しり》を叩《たた》いて勝たそうとする。その結果《けっか》、不《ふ》本意ながら勝利《しょうり》を手にした子どもたちは友達を失《うしな》い、しだいに孤独《こどく》になっていく。ねたまれ、うらまれ、疎《うと》んじられていじめにあい、孤立《こりつ》していく。

そんな事態《じたい》を深刻《しんこく》化させる前に防《ふせ》ぐには、もう一度人間の社会の由来を考え直してほしい。人間はニホンザルではなく、ゴリラと共通《きょうつう》の祖先《そせん》から対等性《せい》をより重んじる社会を受け継《つ》いできた。それは、互いに静《しず》かに向き合う交渉《こうしょう》を持つことによって保たれてきた。人間らしい社会を作る上で、顔と顔とを合わせ、互《たが》いの暖《あたた》かい関係《かんけい》を確《たし》かめ合うことはとても重要《じゅうよう》なコミュニ

じゃあ、人間は、ニホンザルとゴリラと比《くら》べて、どうなのかな。

人間は、ゴリラに近いけど、まったく同じではないということだね。

段落《だんらく》のはじめの「しかし」は超重《ちょうじゅう》要《よう》じゃない？

その通り。「しかし」のあとで意見を言うよ。

「しかし」や「つまり」の目印《めじるし》がないのに、ここも筆者の意見がまとめられているところなの？

（　）でくくった具体例を通して筆者の意見がまとめられているんだよ。こういうの何ていう関《かん》係《けい》だったっけ？

具体と……、えっとー。何だっけ。

具体と抽象《ちゅうしょう》（まとめ）だよ。

そうだった。（　）でくくった具体例の前後が筆者の意見だったなあ。

ケーションなのである。IT技術《ぎじゅつ》は私《わたし》たちに、遠く離《はな》れていても会話や情報交換《じょうほうこうかん》ができる機会《きかい》を与《あた》えてくれた。しかし、それは人間の対等な社会性《しゃかいせい》を保持《ほじ》してくれる力を持っていない。人間が争《あらそ》わず、勝敗《しょうはい》にこだわらず、対等で平等な関係を保《たも》つためには、互《たが》いに顔を合わせる機会を多く持ち、トラブルに仲間《なかま》が機敏《きびん》に反応《はんのう》して仲裁《ちゅうさい》するような暮《く》らしを設計《せっけい》することが不可欠《ふかけつ》なのである。それは勝つ構《かま》えより、負けない構えの美しさを尊《とうと》ぶ社会といってもいいだろうと思う。

（山極壽一《やまぎわじゅいち》「負けない構《かま》えの美しさをゴリラから学ぶ」より）

ゴールの問題

問1 ――部①「ゴリラの社会性」とありますが、それにあてはまるものを次の中から二つ選び、記号で答えなさい。

ア ×自分と相手のどちらが強いかを常に認識し、確かめながら暮らしている。 ニホンザルのこと

イ ×効率性を重視し、勝敗をつけることでトラブルを解決する。 書かれていない

ウ トラブルが起きた時に、勝敗をつけることが解決方法とされていない。 ○54～55行目

エ 自分たちよりも体の小さい仲裁者に従い、どちらとも体面を失わずに引き分ける。 ○57～58行目

オ ×あらかじめ優劣関係を作っておくことで、仲間と競合が生じるのを防いでいる。 ニホンザルのこと

カ 勝者と敗者は対等ではなく、×勝者が利益を独り占めにする関係。 ニホンザルのこと

ウ　エ

筆者の立場がやっとわかった！ニホンザルとゴリラを比《くら》べて、ゴリラのほうがいいって言ってるんだね。

そう。それらを比べることで、人間がどう生きていくのがよいのか、筆者の意見をいっていたね。

対比《たいひ》に注意して、筆者の意見を読み取るって、こういうことなんだね。自分もゴリラを見習って、勝敗にこだわらず、負けない構えで生きていくよ。

大人たちも気をつけないとね。

どこを見ればいいのかわかんなかったよ～。

まず選択肢《せんたくし》をチラ見してみようか。

問1も問2もゴリラやニホンザルの社会性についてくわしく書いてあるよ。

問2 ――部②「ニホンザルとゴリラの社会性」とありますが、「ニホンザル」の社会性とはどのようなものですか。その説明として最もふさわしいものを次の中から一つ選び、記号で答えなさい。

ア ×自分が食べようとしていた食物を横取りされたら、はっきりと不満の声を出す。（ゴリラのこと）

イ 勝利を手にした者は仲間を失うことになり、×しだいに孤独になっていく。（書かれていない）

ウ 勝ち負けをはっきりとつけないで、×どこまでも対等性にこだわる。（ゴリラのこと）

エ 勝ちたいけれど仲間を失いたくないから、独り占めせずに、×敗者を気づかう。（書かれていない）

オ 体の小さな者が大きな者同士のけんかの仲裁をすると、かえって攻撃されてしまう。○52〜54行目

オ

（西大和学園中学校・2018年度）

社会性ってなんだっけな？

ここでは、ニホンザルやゴリラどうしの関《かか》わり方のことだよ。くわしく書いてあるところはどこだっけ？ 何行目あたり？

49行目（私が驚いたのは）〜58行目（に従うのである。）。

その中でも、52行目（ニホンザルでは決してこの）〜54行目（しまうからだ）のところに問2の答えがばっちり書いてあるね。

ほんとうだ〜。選択肢の答えって文中に書いてあるんだね。

読むときに対比に気をつけていれば、ニホンザルとゴリラの社会性の違いが発見できたと思うよ。

対比は、問題に出るってことだな。気をつけようっと。

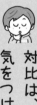

05 ワザ5 理由

HOP 理由は筆者の意見の前後に来ることが多い！

今回のポイント

読んでて「なんでそんなこと言えんのよ」って思うときない？ だから筆者は自分の意見を裏付《うらづ》ける理由を言うのよ。理由と結果《けっか》の関係《かんけい》に注目！

先生、今日は外暑かったの？ 汗《あせ》だくだね。

今日は猛暑《もうしょ》日ってやつらしいよ。

日傘《ひがさ》をさしたほうがいいんじゃない？

え〜めんどくさいな。

でも、日傘をさすと体感温度が全然違《ぜんぜんちが》うってママが言ってたよ。

なるほど〜。涼《すず》しくなるからみんな日傘をさしてるんだね。
はい、見事先生は納得《なっとく》させられました。
こんなふうに、理由があると人は納得しやすいんだよ。
「桃太郎劇場《ももたろうげきじょう》」を見てごらん。

お供《とも》たちは桃太郎《ももたろう》に素敵《すてき》な未来《みらい》を見せられたから、納得して修行に励んでいる。

理由があると説得力があるでしょ。
「ワザ5・理由」
理由を述《の》べることで筆者は自分の意見を納得させる。
理由は
①「〜から」「〜ので」「〜ため」の前
②「だから」の前、「なぜなら」の後
③筆者の意見の前後
にあるよ。

え、急に3つも言われるとわかんない。

じゃあ、①からやろう。たとえば、「なんで勉強が嫌《きら》いなの？」って聞かれたらなんて答える？

えーと…、難《むずか》しいから。遊びたいから。ママが怒《おこ》るから。

ほらね。理由を言うときは無意識《むいしき》に「から」って使ってるでしょ。それは文中でも同じだよ。

へー。じゃあ、その仲間《なかま》が「ので」「ため」なんだね。でも②の「だから」「なぜなら」がわからないよう。

体感温度が下がる。だから、日傘をさす。

あ〜！ わかった！「だから」の前が理由、後が結果になってるんだ。

日傘をさす。なぜなら、体感温度が下がるから。

今度はさっきの逆《ぎゃく》だね。「なぜなら」の前が結果、後が理由になってるんだ。①と②はできそうだけど、③は無理《むり》！

難《むずか》しく考えないで。

もうちょっとわかりやすく言ってよ。

暑いなあ。日傘さしたい。

日傘をさしたい理由が暑いからでしょ。

そう、こんなふうに日傘をさしたいという意見のすぐ近くに理由があるんだよ。説明文《せつめいぶん》でも同じだよ。

確《たし》かに難しくないね。

桃太郎劇場《ももたろうげきじょう》⑦

わかったらチェック！

- 「から」「ので」「ため」は理由を示《しめ》す。
- 「だから」の前、「なぜなら」の後に理由あり。
- 筆者の意見の前後に理由が書かれている。

説明文攻略《こうりゃく》の「3つのミッション」に取り組みながら問題を解《と》こう！

● 次の文章を読んで、後の問いに答えなさい。

現代《げんだい》では、数学や社会や法律《ほうりつ》は教え込《こ》まれても、コンピューターや*ワープロや*先端技術《せんたんぎじゅつ》の扱《あつか》い方は学んでも、もっとも重要《じゅうよう》でもっともいま必要《ひつよう》な教育がなされていないと思います。それは、人生というものの無限《むげん》の価値《かち》、生命の*尊厳《そんげん》、あるいは宇宙《うちゅう》や大自然《しぜん》の中における人間の重大さです。

もっとも、こういう教育は戦前《せんぜん》も、むろん戦時《せんじ》中もなされていません。しかし技術*偏重《へんちょう》、*テクノロジー優先《ゆうせん》の社会がつづく以上《いじょう》、それと対面的《てき》な「人間らしい生活の見なおし」教育がなされていいわけです。しかも、これはつねに社会の中では声を大にして求《もと》められていたわりには効果《こうか》がない。それは、幼児期《ようじき》からそのような教育がなされていないことが原因《げんいん》です。幼児期、少年期のもっとも*鋭敏《えいびん》に情報《じょうほう》が吸収《きゅうしゅう》されるべき時期に、それらがほとんど無視《むし》されて技術《ぎじゅつ》教育、人づくり教育に占《し》められてしまうことを、はなはだ残念《ざんねん》に思っています。

人命は*かけがえがなく、人生はたった一度しかなく、死によってすべてが失《うしな》われること、それと人間と同じ生命が自然界《しぜんかい》にみち、それらが密接《みっせつ》に相互関係《そうごかんけい》を保《たも》ちながら地球が存在《そんざい》するということ、地球はわれわれが住める唯一無二《ゆいいつむに》の天体であること、という問題まで、積極的《せっきょくてき》に教え込《こ》んでいく教育が、いまこそ必要《ひつよう》なのではないかということです。

幼《おさな》い頃《ころ》から生命をおたがいに大事にするとか、生きものをいたわろうという教育が徹底《てってい》すれば、現在《げんざい》の子供《こども》をめぐる*悲惨《ひさん》な状況《じょうきょう》はなくなると思います。これはいまからはじめてもけっして*遅《おそ》きに失《しっ》せず、すぐ生かされる方法《ほうほう》です。また、どういう環境《かんきょう》におかれても事態《じたい》を乗り越《こ》えてタフに生きのびる根性《こんじょう》を*培《つちか》うことになります。

3つのミッション

① 話題に◯印《しるし》を付《つ》ける。

② 具体例《ぐたいれい》を（　）でくくる。

③ 「しかし」などの逆接《ぎゃくせつ》・「つまり」などの言いかえの接続詞《せつぞくし》に△をつけて、筆者の意見に——線を引く。

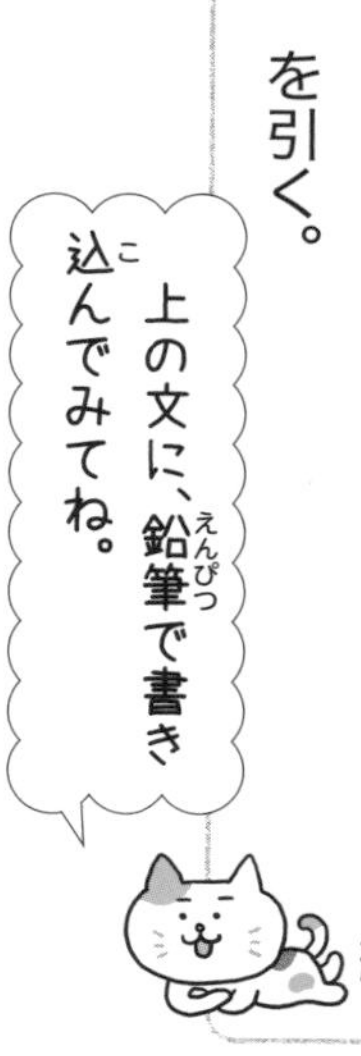

ワープロ
コンピューターで文書を作る機械《きかい》。

先端
先頭。

尊厳
とうとくておごそかなこと。

ぼくは厚生大臣《こうせいだいじん》の勉強会である「生命と倫理《りんり》に関《かん》する懇談会《こんだんかい》」の委員をしていまして、そこで教科書問題を取り上げたことがありました。そのときにぼくは、なぜ小学校の一年生から命というものの全体を教える教科書がないのかと言ったことがあります。

一年生の国語の教科書の最初《さいしょ》のページを広げたときに、われわれの時代は「咲《さ》いた。咲いた。さくらが咲いた」とか、「はな。はと。豆」でした。ぼくなら、その教科書の最初のページに、ちょうちょが飛《と》んでいる絵を描《か》いて、

「ちょうちょが飛んでいます。楽しそうですね」

つぎの見開きに、こんどはクモの巣《す》に引っかかったちょうちょを描いて、

「ちょうちょが死んでいます。かわいそうですね」

こういうところからはじめたいと思います。

それは、子供たちがじっさいに見ているものです。死んでいる虫も、生きている虫も見ているのです。そこで、なぜ死んだのだろう、クモの巣に引っかかったからだ。クモが食べてしまった。なんでクモが食べるのかというようなところからいろいろな疑問《ぎもん》がわいてくる、いろいろな質問《しつもん》が出てくると思うのです。そこらへんからジワジワ命の大事さ、あるいは命の神秘《しんぴ》さみたいなものを教えていくというような教科書があったらいいのではないかなという気がするのです。

残念《ざんねん》ながらそういう教科書はありません。しかし、みなさんが小さいお子さんをお持ちだったり、お孫《まご》さんがおありだったなら、もしも近くに病気の人がいたり、亡《な》くなった人がいたり、または動物とか、植物とかの話を、生きるということに引っかけてちょっとお話しいただきますと、その子供たちの将来《しょうらい》にとってどんなにプラスになるかと思っています。

①いまの子供をめぐる状況《じょうきょう》のなかで、大きく欠《か》けているものがあります。それは冒険《ぼうけん》です。冒険小説《しょうせつ》というのがわれわれの世代にはありました。いまでは、冒険映画《えいが》とか、冒険マンガなどが若者《わかもの》の心をいやしています。冒険というのは何でしょう。それは言うまでもなく未知《みち》のものへの挑戦《ちょうせん》です。

現在《げんざい》の教育やしつけのなかで、この冒険心の育成《いくせい》がもっとも欠《か》けています。*合理主義《ごうりしゅぎ》のなか

偏重
あるものごとだけを重んずること。

テクノロジー
科学技術《ぎじゅつ》。

鋭敏
ちょっとしたことにも、すぐ感じること。

かけがえのない
かわりになるもののない。

悲惨
悲しくいたましいこと。

遅きに失する
遅《おそ》すぎて間に合わなくなる。

培う
力や性質《せいしつ》などを育て養《やしな》う。

合理主義
理くつに合うか合わないかを思考・行動の基準《きじゅん》とする立場。

で、子供《こども》時代から安全を*第一義《だいいちぎ》とした文化が与《あた》えられ、危険《きけん》は大人の手で刈《か》りとられています。だれだって失敗《しっぱい》は許《ゆる》されない。そんなことをすれば*落伍《らくご》するどころか家庭や身内にまで*累《るい》を及《およ》ぼす。だからつとめて他人の②*尻馬《しりうま》に乗るか*石橋を叩《たた》く主義《しゅぎ》で世の中を渡《わた》る、それが*教訓《きょうくん》だというようにしつけられます。危険《きけん》だから刃物《はもの》は持つな、危険な遊びをするな、知らぬ場所へ行くな、けんかはするな、何か起こると親が出ていって処理《しょり》してしまう。

だから子供はいくじなく*傍観《ぼうかん》するか、大人まかせです。

昔はかならず町に空地とか林があって、そこはガキ大将《だいしょう》に率《ひき》いられた子供たちの遊び場、というより「国」のような場所でした。いじめられっ子のぼくでさえも、兵隊《へいたい》ごっこやインディアンごっこには加《くわ》わりました。そして、だれもが膝小僧《ひざこぞう》にすり傷《きず》をいっぱいつくって血だらけになって帰って来ても、親も先生もなんにも言わなかったものです。

いまでも空地や広場は、探《さが》せばどこにだってあります。子供たちはそんなところを、宇宙《うちゅう》基地《きち》とかアマゾンの奥地《おくち》とか幻想《げんそう》の国に見たてて騒《さわ》ぎたいのです。そうなれば、空想はどんどんふくらんでいきます。自分が夢《ゆめ》の中のヒーローやヒロインになり、正義《せいぎ》の味方や、スーパーマンにもなれる。かつて二階からアトムの真似《まね》をして飛び降《お》りてけがをした少年だって、心の中ではきっと夢にひたっていたのでしょう。そういった夢や空想が、幼《おさな》い日の強い記憶《きおく》として残《のこ》れば、どんなに心が広く明るい社会人になるかは想像《そうぞう》できましょう。

ある企業《きぎょう》が企画《きかく》したことに「一人旅委員会」というのがあって、*三浦雄一郎《みうらゆういちろう》氏《し》などといっしょにぼくも加《くわ》わって、子供を、トム・ソーヤーや、ハックルベリー・フィンのようにひとりで冒険《ぼうけん》をさせようと提言《ていげん》しました。

ぼくは、たんに家の周辺《しゅうへん》の知らない道を歩くことだって冒険だし、そこで出会うものは、すべて未知《みち》のものだ、なにも鉄道や車で遠方に出かけなくても、身近なところからひとり歩きやひとり旅を始めさせよう、と言いました。

もちろん、旅行は未知の世界を見せてはくれますが、今日のように③パックの安全旅行では、何のためにその土地へ行くのか無《む》意味です。いったい何があるのか、どこへ行くのかわからない場所へ、自分の意志《いし》で行かせることが、子供の強い意志《いし》と冒険心をはぐくむことになり、夢

第一義
もっともたいせつな根本的《てき》な意義《いぎ》。

落伍
仲間からおくれること。ついて行けないこと。

累が及ぶ
めいわくがかかる。

尻馬に乗る
よく考えもしないで、人のまねをする。

石橋をたたく（たたいて渡《わた》る）
ひじょうに用心深いこと。

教訓
教え、さとすこと。また、その教え。

傍観
そばで見ていること。そのことに関係《かんけい》しないで見ていること。

三浦雄一郎
登山家、スキー選手《せんしゅ》、獣医師《じゅういし》。

を抱《いだ》かせるのです。

遊ぶ、そしてそれから学ぶということは子供にとっては重要《じゅうよう》です。さらにできれば、失敗《しっぱい》や危険の伴《ともな》う要素《ようそ》も容認《ようにん》してやりたい。失敗や危険の伴わない人生なんてありません。それを大人が過度《かど》に子供から遠ざけようとすることは越権《えっけん》だし、逆効果《ぎゃくこうか》です。誤解《ごかい》のないように言いますが、夜、盛《さか》り場で遊ばせるとか、そんな放任主義《ほうにんしゅぎ》を言っているのではありません。車などを買い与《あた》えて好《す》きなところへ行って遊んでこいなんて言う親は、もっとも愚劣《ぐれつ》です。

原始時代、われわれの先祖《せんぞ》は、なにひとつ持たない生活からひとつひとつ文明を創造《そうぞう》してきました。人類《じんるい》の英知《えいち》と言われるゆえんです。必要《ひつよう》に迫《せま》られてと言いますが、それが技術《ぎじゅつ》開発につながった時点で、いつのまにか物質《ぶっしつ》文明偏重《へんちょう》になってしまいました。

これからの子供たちには、裸一貫《はだかいっかん》の人間本来の姿《すがた》にもどって、人間らしい生活を送ってもらいたいと思います。それには何度も申し上げたことですが、正しい生きがいとか生命観《せいめいかん》を確立《かくりつ》してもらいたい。それをはぐくんでやる親や教師《きょうし》は、大人のファシズムをふりかざしてはいけない。自分たちの生きてきた道を子供に正直に見せてやること、あとは子供たちの判断《はんだん》にまかせることです。これは一〇〇〇年前から未来《みらい》まで、変《か》わることのない原則《げんそく》だと思うのです。

（手塚治虫《てづかおさむ》『ぼくのマンガ人生』〈岩波新書〉より）

容認
それでよいとして、ゆるしみとめること。

越権
身分や権限《けんげん》をこえてすること。

盛り場
人が多く集まりにぎわう所。

放任
口出しをしないで、そのまま放っておくこと。

英知《えいち》
すぐれた知恵。深い考え。

物質
お金や品物などのように、ゆたかであるかどうかなどが、具体的にはかれるもの。

ファシズム
個人《こじん》よりも集団《しゅうだん》や国家などの全体の目的《もくてき》に価値《かち》をもとめる主義《しゅぎ》。

ゴールの問題

問1 ——部①「いまの子供をめぐる状況のなかで、大きく欠けているものがあります。それは冒険です」とありますが、冒険が欠けてしまった理由が書いてある部分を「〜るから。」に続《つづ》く形で本文中から三十一字で抜《ぬ》き出し、その最初《さいしょ》と最後《さいご》の五字を書きなさい（読点を含《ふく》む）。

□□□□□ 〜 □□□□□ るから。

問2 ——部②「他人の尻馬に乗るか石橋を叩く主義」になってしまうのはなぜですか、最《もっと》も適切《てきせつ》なものを次から選《えら》び、記号で答えなさい。

ア 子供に危険を犯させない何もかも安全なパッケージが用意されてしまうから。

イ どんな環境におかれても事態を乗り越えてタフに生きのびる根性を培えるから。

ウ 夢や空想が、幼い日の強い記憶として残れば、明るい社会人になれるから。

エ 失敗をすれば落伍するどころか家庭や身内にまで累を及ぼしてしまうから。

□

問3 ――部③「パックの安全旅行では、何のためにその土地に行くのか無意味です」とありますが、なぜ無意味なのですか。五十字以内《いない》で説明《せつめい》しなさい。

（法政大学中学校《ほうせいだいがく》・２０１４年度〈第１回〉・一部改題《かいだい》）

JUMP! 先生と一緒《いっしょ》に、もう一度問題文を読んでみよう！

● 次の文章を読んで、後の問いに答えなさい。

現代《げんだい》では、数学や社会や法律《ほうりつ》は教え込《こ》まれても、コンピューターやワープロや先端技術《せんたんぎじゅつ》の扱《あつか》い方は学んでも、もっとも重要《じゅうよう》でもっともいま必要《ひつよう》な教育がなされていないと思います。それは、人生というものの無限《むげん》の価値《かち》、生命の尊厳《そんげん》、あるいは宇宙《うちゅう》や大自然《しぜん》の中における人間の重大さです。

もっとも、こういう教育は戦前《せんぜん》も、むろん戦時《せんじ》中もなされていません。しかし技術偏重《へんちょう》、テクノロジー優先《ゆうせん》の社会がつづく以上《いじょう》、それと対面的《てき》な「人間らしい生活の見なおし」教育がなされていいわけです。しかも、これはつねに社会の中では声を大にして求《もと》められていたわりには効果《こうか》がない。それは、幼児期《ようじき》からそのような教育がなされていないことが原因《げんいん》です。幼児期、少年期のもっとも鋭敏《えいびん》に情報《じょうほう》が吸収《きゅうしゅう》されるべき時期に、それらがほとんど無視《むし》されて技術《ぎじゅつ》教育、人づくり教育に占《し》められてしまうことを、はなはだ残念《ざんねん》に思っています。

人命はかけがえがなく、人生はたった一度しかなく、死によってすべてが失《うしな》われること、それと人間と同じ生命が自然界《しぜんかい》にみち、それらが密接《みっせつ》に相互関係《そうごかんけい》を保《たも》ちながら地球が存在《そんざい》するということ、地球はわれわれが住める唯一無二《ゆいいつむに》の天体であること、という問題まで、積極的《せっきょくてき》に教え込《こ》んでいく教育が、いまこそ必要《ひつよう》なのではないかということです。

幼《おさな》い頃《ころ》から生命をおたがいに大事にするとか、生きものをいたわろうという教育が徹底《てってい》すれば、現在《げんざい》の子供《こども》をめぐる悲惨《ひさん》な状況《じょうきょう》はなくなると思います。これはいまからはじめてもけっして遅《おそ》きに失《しっ》せず、すぐ生かされる方法《ほうほう》です。また、どういう環境《かんきょう》におかれても事態《じたい》を乗り越《こ》えてタフに生きのびる根性《こんじょう》を培《つちか》うことになります。

話題は教育についてだね。

教育について、筆者はどんな具体例《ぐたいれい》をあげて意見を言うのか、読み取っていくんだよね。あれ？　もう筆者の意見？　２行目に「～思います。」って書いてあるよ。

こんなふうに、すぐ意見がくることもあるよ。

へ～。

それとね、「～必要《ひつよう》だ」「～重要《じゅうよう》だ」「～しなければならない」これらの言葉も筆者の意見を示《しめ》すから、線を引いていくといいよ。

「ぼくは厚生大臣《こうせいだいじん》の勉強会である「生命と倫理《りんり》に関《かん》する懇談会《こんだんかい》」の委員をしていまして、そこで教科書問題を取り上げたことがありました。そのときにぼくは、なぜ小学校の一年生から命というものの全体を教える教科書がないのかと言ったことがあります。

一年生の国語の教科書の最初《さいしょ》のページを広げたときに、われわれの時代は「咲《さ》いた。咲いた。さくらが咲いた」とか、「はな。はと。豆」でした。ぼくなら、その教科書の最初のページに、ちょうちょが飛《と》んでいる絵を描《か》いて、

「ちょうちょが飛んでいます。楽しそうですね」

つぎの見開きに、こんどはクモの巣《す》に引っかかったちょうちょを描いて、

「ちょうちょが死んでいます。かわいそうですね」

こういうところからはじめたいと思います。

それは、子供たちがじっさいに見ているものです。死んでいる虫も、生きている虫も見ているのです。そこで、なぜ死んだのだろう、クモの巣に引っかかったからだ。クモが食べてしまった。なんでクモが食べるのかというようなところからいろいろな疑問《ぎもん》がわいてくる、いろいろな質問《しつもん》が出てくると思うのです。そこらへんからジワジワ命の大事さ、あるいは命の神秘《しんぴ》さみたいなものを教えていくというような教科書があったらいいのではないかなという気がするのです。

残念《ざんねん》ながらそういう教科書はありません。しかし、みなさんが小さいお子さんをお持ちだったり、お孫《まご》さんがおありだったなら、もしも近くに病気の人がいたり、亡《な》くなった人がいたり、または動物とか、植物とかの話を、生きるということに引っかけてちょっとお話しいただきますと、その子供たちの将来《しょうらい》にとってどんなにプラスになるかと思っています。

①いまの子供をめぐる状況《じょうきょう》のなかで、大きく欠《か》けているものがあります。それは冒険《ぼうけん》です。冒険小説《しょうせつ》というのがわれわれの世代にはありました。いまでは、冒険映画《えいが》とか、冒険マンガなどが若者《わかもの》の心をいやしています。冒険というのは何でしょう。それは言うまでもなく未知《みち》のものへの挑戦《ちょうせん》です。

現在《げんざい》の教育やしつけのなかで、この冒険心の育成《いくせい》がもっとも欠《か》けています。合理主義《ごうりしゅぎ》のなか

筆者の体験《たいけん》が書いてあるけど、これって具体例なの？

その通り。体験が具体例として機能《きのう》しているんだよ。

そうすると、この具体例を通して筆者は意見をまとめているはずだよね。

具体例の直後にまとめられているよ。

冒険という言葉が、急に何度も出てきたよ。

これも話題だね。これから冒険について何か話すんだね。

39行目と43行目、同じ意見を言ってない？

いい気づきだね。筆者は、意見をくり返すんだよ。

で、子供《こども》時代から安全を第一義《だいいちぎ》とした文化が与《あた》えられ、危険《きけん》は大人の手で刈《か》りとられています。だれだって失敗《しっぱい》は許《ゆる》されない。そんなことをすれば落伍《らくご》するどころか家庭や身内にまで累《るい》を及《およ》ぼす。だからつとめて②他人の尻馬《しりうま》に乗るか石橋を叩《たた》く主義《しゅぎ》で世の中を渡《わた》る、それが教訓《きょうくん》だというようにしつけられます。危険だから刃物《はもの》は持つな、危険な遊びをするな、知らぬ場所へ行くな、けんかはするな、何か起こると親が出ていって処理《しょり》してしまう。

だから子供はいくじなく傍観《ぼうかん》するか、大人まかせです。

昔はかならず町に空地とか林があって、そこはガキ大将《だいしょう》に率《ひき》いられた子供たちの遊び場、というより「国」のような場所でした。いじめられっ子のぼくでさえも、兵隊《へいたい》ごっこやインディアンごっこには加《くわ》わりました。そして、だれもが膝小僧《ひざこぞう》にすり傷《きず》をいっぱいつくって血だらけになって帰って来ても、親も先生もなんにも言わなかったものです。

いまでも空地や広場は、探《さが》せばどこにだってあります。子供たちはそんなところを、宇宙《うちゅう》基地《きち》とかアマゾンの奥地《おくち》とか幻想《げんそう》の国に見たてて騒《さわ》ぎたいのです。そうなれば、空想はどんどんふくらんでいきます。自分が夢《ゆめ》の中のヒーローやヒロインになり、正義《せいぎ》の味方や、スーパーマンにもなれる。かつて二階からアトムの真似《まね》をして飛《と》び降《お》りてけがをした少年だって、心の中ではきっと夢にひたっていたのでしょう。そういった夢や空想が、幼《おさな》い日の強い記憶《きおく》として残《のこ》れば、どんなに心が広く明るい社会人になるかは想像《そうぞう》できましょう。

ある企業《きぎょう》が企画《きかく》したことに「一人旅委員会」というのがあって、三浦雄一郎《みうらゆういちろう》氏《し》などといっしょにぼくも加《くわ》わって、子供《こども》を、トム・ソーヤーや、ハックルベリー・フィンのようにひとりで冒険《ぼうけん》をさせようと提言《ていげん》しました。

ぼくは、たんに家の周辺《しゅうへん》の知らない道を歩くことだって冒険だし、そこで出会うものは、すべて未知《みち》のものだ、なにも鉄道や車で遠方に出かけなくても、身近なところからひとり歩きやひとり旅を始めさせよう、と言いました。

もちろん、旅行は未知の世界を見せてはくれますが、今日のように③パックの安全旅行では、何のためにその土地へ行くのか無《む》意味です。いったい何があるのか、どこへ行くのかわからない場所へ、自分の意志《いし》で行かせることが、子供の強い意志《いし》と冒険心をはぐくむことになり、夢

あ、昔を今を比《くら》べてる！　対比《たいひ》でしょ。

昔は冒険があったけど、今はないって具体例をあげて比べているんだね。

筆者の体験がまた書いてあるけど、これも具体例なの？

そうだね。こういった冒険の話を出すことで、筆者はどんな意見を言いたいんだろうね。

を抱《いだ》かせるのです。

遊ぶ、そしてそれから学ぶということは子供にとっては重要《じゅうよう》です。さらにできれば、失敗《しっぱい》や危険の伴《ともな》う要素《ようそ》も容認《ようにん》してやりたい。失敗や危険の伴わない人生なんてありません。それを大人が過度《かど》に子供から遠ざけようとすることは越権《えっけん》だし、逆効果《ぎゃくこうか》です。誤解《ごかい》のないように言いますが、夜、盛《さか》り場で遊ばせるとか、そんな放任主義《ほうにんしゅぎ》を言っているのではありません。車などを買い与《あた》えて好《す》きなところへ行って遊んでこいなんて言う親は、もっとも愚劣《ぐれつ》です。

原始時代、われわれの先祖《せんぞ》は、なにひとつ持たない生活からひとつひとつ文明を創造《そうぞう》してきました。人類《じんるい》の英知《えいち》と言われるゆえんです。必要《ひつよう》に迫《せま》られてと言いますが、それが技術《ぎじゅつ》開発につながった時点で、いつのまにか物質《ぶっしつ》文明偏重《へんちょう》になってしまいました。

これからの子供たちには、裸一貫《はだかいっかん》の人間本来の姿《すがた》にもどって、人間らしい生活を送ってもらいたいと思います。それには何度も申し上げたことですが、正しい生きがいとか生命観《せいめいかん》を確立《かくりつ》してもらいたい。それをはぐくんでやる親や教師《きょうし》は、大人のファシズムをふりかざしてはいけない。自分たちの生きてきた道を子供に正直に見せてやること、あとは子供たちの判断《はんだん》にまかせることです。これは一〇〇〇年前から未来《みらい》まで、変《か》わることのない原則《げんそく》だと思うのです。

（手塚治虫《てづかおさむ》『ぼくのマンガ人生』〈岩波新書〉より）

パック旅行と冒険の違いから、未知の世界を見せてくれる冒険がいいって言ってる。

それがまとめられているのは、どこかな。

70行目〜71行目かな？

その通り。「〜重要です。」って書いてあるね。

「〜思う」「〜したい」「〜いけない」に注目すると、筆者の意見がつかみやすいね。

とてもいい気づきだね。でもそれだけが意見ではないから、たよりすぎずに、筆者の意見が読み取れるようにしていこう。

ゴールの問題

問1 ——部① 「いまの子供をめぐる状況のなかで、大きく欠けているものがあります。それは冒険です」とありますが、冒険が欠けてしまった理由が書いてある部分を「～るから。」に続《つづ》く形で本文中から三十一字で抜《ぬ》き出し、その最初《さいしょ》と最後《さいご》の五字を書きなさい（読点を含《ふく》む）。

合	理	主	義	の	～	が	与	え	ら	れ	るから。

問2 ——部② 「他人の尻馬に乗るか石橋を叩く主義」になってしまうのはなぜですか、最《もっと》も適切《てきせつ》なものを次から選《えら》び、記号で答えなさい。

ア 子供に危険を犯させない何もかも安全なパッケージが用意されてしまうから。
イ どんな環境におかれても事態を乗り越えてタフに生きのびる根性を培えるから。
ウ 夢や空想が、幼い日の強い記憶として残れば、明るい社会人になれるから。
エ 失敗をすれば落伍するどころか家庭や身内にまで累を及ぼしてしまうから。

エ

「～から」「～ので」「～ため」が全《ぜん》然《ぜん》ないんだけど。わかんないよ。

そんな答えがバレバレの問題は出ないよ。

チーン……。

絶望《ぜつぼう》するのはまだはやい。ワザ5の③があるじゃない（92ページ）。

筆者の意見の前後に理由があるんだった！

39行目と43行目、同じ意見が書かれていたね。

じゃあ、その前後に理由があるはず。

それを手がかりに答えてみてね。

問3　――部③「パックの安全旅行では、何のためにその土地に行くのか無意味です」とありますが、なぜ無意味なのですか。五十字以内《いない》で説明《せつめい》しなさい。

未知がないと、子供の強い意志と冒険心がはぐくめなくなり、夢を抱かせることができなくなるから。

（法政大学《ほうせいだいがく》中学校・２０１４年度〈第１回〉・一部改題《かいだい》）

パック旅行
目的地がわかり安全＝既知《きち》

冒険と対照的な内容が答えになるよ。

冒険《ぼうけん》↔
目的地がわからず危険＝未知《みち》

冒険は、子供の強い意志と冒険心をはぐくむことになり、夢を抱かせる。

どうやって解《と》いたの？

――部②の文頭に「だから」があるから、理由がその前にあると考えたんだ。

すごいね！その考え方、合ってるよ。「だから」は、理由と結《けっ》果をつなげるんだよ。

どうすりゃいいのさ～。記述《きじゅつ》キライ！

文中から使えそうなところを見つけて書けばいいんだよ。解答《かいとう》に使えそうな部分はどこかな。

理由は具体例《ぐたいれい》の中にはないから、――部③の後、67～69行目を手がかりにしたよ。

今回は、筆者の意見の後に理由があったね。

05
ワザ5・理由

06

ワザ6 言いかえ

何回も何回もくどいのよ

今回のポイント

読んでて同じこと書いてるなって思うときない？ 筆者は重要《じゅうよう》だと思うことは言いかえてくり返し書いてるんだよ。つまり、そこ重要！

HOP

言いかえてくり返されてることは筆者の意見！

あ～甘《あま》いものが食べたいな～。あ～大福、ケーキ、シュークリーム、なんでもいいから食べたいな～。

頭使うとおやつを食べたくなるよね。

そうなんだよ。あ～おやつの時間まだかな～。

しつこいよ。

だって、わかってほしいんだもん！　先生だっていつも大事なポイントはくり返し言うじゃん。

たしかに。そんなにくり返されたらさすがにおやつ休憩《きゅうけい》にしようかなって思うね。筆者も同じワザをよく使っているよ。

「ワザ6・言いかえ」筆者は意見を言いかえてくり返すんだ。

でもさ～、一言一句《いちごんいっく》同じなら気づけるけど、ちょっと変《か》わったらもう気づかないよ。

そこが難《むずか》しいところだよね。「桃太郎劇場《ももたろうげきじょう》」を見てみよう。

力を合わせる、協力《きょうりょく》する、サポートするが言いかえになってるってこと？

気づけたじゃない。そういうことだよ。言葉が違《ちが》っても同じようなことを言ってたもんね。じゃあ、それを何回も言うことで何が言いたいのかな？

チームワークが大切だってことが言いたいのかなあ。

うまくまとめられたじゃない。一言一句同じじゃなくても、言いかえに気づけそうだね。

桃《もも》太《た》郎《ろう》劇《げき》場《じょう》⑧

日本
みんなで**力を合わせて**鬼と戦いましょう
おー
おー
日本
みんなで**協力して**鬼を倒そう
おー
おー
おー
日本
サポートしてくれてありがとう
えいえい
おー!!

わかったらチェック！

- 言いかえてくり返されているところに気づく。
- 筆者は言いかえ・くり返すことで意見を強調する。
- 言いかえ・くり返しの意見には線を引く。

もしかしたら言いかえなのかなって疑《うたが》いながら読むことにするよ。

筆者は言いかえながら意見をくり返すから、その意識《いしき》で読むと筆者の意見が読み取りやすくなるよ。

さあ、おやつの時間だ！　先生も食べる？　シュークリームがあるよ。

ありがとう。このシュークリーム、クリームたっぷりで絶品《ぜっぴん》だね。

ほっぺたが落ちそうでしょ？

先生の舌《した》が喜《よろこ》んでるよ。

桃太郎にも食べさせてあげたいな。キビダンゴしか知らないみたいだから。

本当にそうだね。こんなにおいしいシュークリーム、ほかにないもんね。

絶品、ほっぺた落ちそう、舌が喜ぶ。おいしいって言うにも、いろんな表現《ひょうげん》があるなあ。言いかえてくり返すことで、この本を読むみんなにもおいしさが伝《つた》わってるといいな。

STEP

説明文攻略《こうりゃく》の「3つのミッション」に取り組みながら問題を解《と》こう！

● 次の文章を読んで、後の問いに答えなさい（設問《せつもん》の都合上、省略《しょうりゃく》した部分がある）。

手紙を書くと、返事が気になるものだ。早く返事が来ないかと心待ちにする。返事が来て、いそいそと封《ふう》を開けるときのちょっとしたときめきは忘《わす》れられないものだ。それが、＊恋文《こいぶみ》、ラブレターのときは特《とく》に。

亡《な》くなった妻《つま》、＊河野裕子《かわのゆうこ》の＊遺品《いひん》の整理に＊実家へ行ったとき、箱にしまわれているラブレターの束《たば》を見つけた。彼女《かのじょ》から私《わたし》へ送られたもの、私から彼女へ送ったもの、総数《そうすう》３００通ほどもあっただろうか。私は知らなかったのだが、二人がそれぞれ保管《ほかん》していたものを一緒《いっしょ》にして大切に箱にしまい、実家の押《お》し入《い》れに保管していたものらしい。

ほとんどが＊封書《ふうしょ》。お互《たが》いの家族にはあまり見られたくないこともあったのだろうが、それ以《い》上《じょう》に葉書では伝《つた》えられないほどの思いを伝えたいということが大きかったのだろう。（中略《ちゅうりゃく》）

返事は待ち遠しいが、あまりにも早く返ってきてしまうのは、かえって＊興《きょう》ざめなものでもある。「待つ」という期待の時間を奪《うば》われてしまうからだ。＊相応《そうおう》の時間をかけて書いた手紙に、あっけなく返事が返ってきたら、うれしさがちょっと＊希釈《きしゃく》されたように感じないだろうか。

ましていまはメールの時代である。＊ツィッターとか、ラインとか、私《わたし》などにはもうついていけない世界が広がっているのを＊痛感《つうかん》するが、今や時代遅《じだいおく》れなのかも知れないコンピュータからのメールでさえ、その文面がきわめて短くなっていると感じざるを得《え》ない。

どうやらケータイメールの世界では、来たらすぐに返事をするというのが当然《とうぜん》のこととされているらしい。返事は2、３日＊寝《ね》かせてからということはまずないようなのだ。すぐに返さないと仲間外《なかまはず》れにされるとも聞いたことがあるが、本当なのだろうか。

3つのミッション

①話題に○印《しるし》を付《つ》ける。
②具体例《ぐたいれい》を（　）でくくる。
③「しかし」などの逆接《ぎゃくせつ》・「つまり」などの言いかえの接続詞《せつぞくし》に△をつけて、筆者の意見に——線を引く。

上の文に、鉛筆《えんぴつ》で書き込《こ》んでみてね。

恋文
恋《こ》いしたう気持ちを書いた手紙。

河野裕子
筆者の妻《つま》で歌人。二〇一〇年に亡《な》くなる。

遺品
死んだ人のかたみの品。

返すまでの時間の短縮《たんしゅく》を優先《ゆうせん》すれば、当然内容《とうぜんないよう》が*希薄《きはく》に、かつ短くならざるを得《え》ない道理である。相槌《あいづち》のようなものである。勢《いきお》い、*出来あいの言葉で取り敢《あ》えず済《す》ませてしまう。例《れい》の「あ」と打てば「ありがとう」と変換《へんかん》してくれる、予測変換機能《よそくへんかんきのう》などが、この*迅速《じんそく》な対応《たいおう》におおいに*寄与《きよ》しているのだろう。言葉に神経《しんけい》を使っている暇《ひま》などはない。

おまけにツィッターというのは、最大《さいだい》文字数が140字までなのだそうだ。つまりこれらはすべて、通信《つうしん》の内容《ないよう》は〈すばやく、短く〉を原則《げんそく》としているように見える。

私も日々《ひび》メールのお世話になっており、いまやそれがない生活は考えられない。しかし一方で、メールは思いを伝《つた》えるのに適《てき》した通信手段《つうしんしゅだん》だろうかと考えると、必《かなら》ずしもそうだと答えられない自分がいることにも気づく。

メール、特《とく》にケータイメールの短いやり取りは、〈用を足す〉という目的《もくてき》のためには最適《さいてき》であろう。「あと5分で着くからね」と、昔は（私などは今でも）電話で伝えていたところをメールで送る。これで用は足りる。

しかし、これであるまとまった思いを、そして自分が何を考えているのかを相手に伝えようとするのは、まず無理《むり》である。140字で思いが伝えられると思えるだろうか。短歌ではわずか三十一文字で思いを伝えるではないか。名言と言われる文句《もんく》はたいてい短いがそれでも*寸鉄《すんてつ》人を刺《さ》すような*警句《けいく》もあるぞ、と言われれば確《たし》かに可能《かのう》ではある。しかし、それらは短い言葉になるまえに、言葉を見つけるまでの圧倒的《あっとうてき》な長さの時間を経《へ》てきたものなのだ。さらっと出たものではない。

特《とく》に*肉筆で手紙を書いていた頃《ころ》、書くという行為《こうい》のなかで、自分の考えが徐々《じょじょ》に整理されていくのを実感できた。出来あいの誰《だれ》もが使う言葉を避《さ》け、自分の実感にもっとも*フィットする言葉を探《さが》しながら書くという行為《こうい》は、自分の考えを整理するとともに、思ってもいなかった考えの*飛躍《ひやく》をもたらすことがある。

言葉にする前は、何か*深遠なことを考えているようでも、実はほとんど何も考えていないに等しかったということはよくあることだ。その不徹底《ふてってい》さは、実際《じっさい》に手紙を書きはじめると、実は何を書きたかったのかさえわからなくなるような混乱《こんらん》として終ることも珍《めずら》しくもない。つまり、

実家
父母の暮《く》らす家。

封書
封筒《ふうとう》に入れて、封をした手紙。

興ざめ
楽しい気分がなくなってしまうこと。

相応
ふさわしいこと。釣《つ》り合っていること。

希釈
うすめること。

ツィッターとか、ラインとか
いずれもインターネット上のサービスで、コミュニケーションの道具として利《り》用《よう》されている。ツィッターは現在Xと名称変更。

痛感
強く心に感じること。

寝かせる
そのまま手もとにおいておく。

私《わたし》たちはそれほどにも、日常《にちじょう》ものを突《つ》きつめて考えると言うことが少ないのだ。（中略《ちゅうりゃく》）

ケータイメールやツイッターは、独断《どくだん》の誹《そし》りを覚悟《かくご》で言えば、①「思考の断片化《だんぺんか》」を促進《そくしん》するという危険性《きけんせい》を持っているのではないかと、私は思っている。

誰《だれ》かからのメールが届《とど》くと、打てば響《ひび》くようにそれに返信《へんしん》をする。すぐまた別《べつ》の友人からのメールが届《とど》く。まったく違《ちが》った内容《ないよう》であろうが、それにも返信《へんしん》する。そのような間髪《かんはつ》を容《い》れず多くのメールへ対応《たいおう》するという習慣《しゅうかん》は、私たちから一つのことをじっくり考えるという習慣を奪《うば》ってしまう危険性を持っている。それはすなわち、〈自己《じこ》へ向かう〉という大切な時間を奪ってしまうものでもある。

「思考の断片化《だんぺんか》」も怖《おそろ》しいが、気がつかないうちに陥《おちい》ってしまう、もう少し「ヤバイ」危険性は、既存《きぞん》の考え方の枠《わく》の中に自分を押《お》し込《こ》めてしまうことなのかもしれない。

できるだけ形容詞《けいようし》を使わないで、自分の感じたことを表現《ひょうげん》する大切さについてはすでに述《の》べた。自分だけが感じたことを伝《つた》えるためには、万人の共通感覚《きょうつうかんかく》の表象《ひょうしょう》である形容詞に頼《たよ》らないことは、基本《きほん》中の基本である。

この形容詞《けいようし》のもっとも現代的《げんだいてき》なバージョンが、絵文字というものであるかもしれない。絵文字、顔文字など多くのものが使われており、悲しいという表情《ひょうじょう》だけでも、何十種類《しゅるい》もあるらしい。時おり人からもらうメッセージにこんな顔文字が入っていたりすると、それはなかなか楽しいものではある。

文章のアクセントとしては、その意味はあるのだろうし、思わず頬《ほほ》が緩《ゆる》むということも効果《こうか》の一つであろうが、いっぽうで感情表現《かんじょうひょうげん》がこのような既成《きせい》の絵文字によって代替《だいたい》されてしまうことは、やはりまずいのではないかと私は思っている。絵文字にせよ、顔文字にせよ、それらは多くの人たちの、ある感情の最大公約数《さいだいこうやくすう》であろう。形容詞のもっとも一般《いっぱん》化されたものといってもいいかもしれない。

メールの短さの制限《せいげん》から、そのような顔文字を使うのは、効率的《こうりつてき》であることはまちがいない。しかし、自分の今の考えや感情を、どの絵文字を使えば、いちばん近いだろうと選《えら》ぶ作業は、自分の感情をどう表現しようかというよりは、すでに用意されているパターンのどれに該当《がいとう》す

希薄
やろうとする気持ちが弱いこと。

出来あい
前からできていること。また、そのもの。

迅速
きわめて速いこと。

寄与
世の中のために役に立つこと。

寸鉄人を刺す
短い言葉で人の急所をつくたとえ。

警句
みじかくて深い意味のこもった語。

肉筆
印刷《いんさつ》やコピーをしたものではなく、実際《じっさい》に手でかいた字や絵。

フィット
ぴったりと合うこと。

るかを択《えら》ぶ、当てはめるという作業にすり替《か》わっているのだとも言える。

最大公約数としての絵文字にすり寄《よ》るような形で自分の感情を整理してしまうことは、自分という、他にはないはずの存在《そんざい》に対して、あまりにも無責任《むせきにん》な対応《たいおう》ではないのかと思うのである。たぶん、〈私《わたし》〉は、それらあらかじめ用意されたどれとも違《ちが》う「悲しい」をいま感じているはずなのである。それらを掘《ほ》り起こしてやらなければ、自分が可哀《かわい》そうではないだろうか。絵文字を受け取って楽しいと思う感情とは裏腹《うらはら》に、②私《わたし》はそんなありきたりのパターンに当てはめられてしまう対応《たいおう》が嫌《きら》いでもある。

短い言葉だけで〈用を足す〉*生活に慣《な》れ過《す》ぎると、ものごとを基本に立ち返って考えるという習慣《しゅうかん》に乏《とぼ》しくならざるを得《え》ない。〈用を足す〉だけの短文で、身のまわりの友人や、まして恋人《こいびと》と繋《つな》がっていて、ほんとうに大丈夫《だいじょうぶ》なのか、と③余計《よけい》な心配をしたくもなるのである。

（永田《ながた》和宏《かずひろ》「知の体力」より）

飛躍
順序《じゅんじょ》を追わないで進むこと。

深遠
おく深く、はかりしれないこと。

独断の誹り
自分勝手な判断《はんだん》だと非難《ひなん》されること。

促進
ものごとをおし進めること。はかどらせること。

打てば響く
すぐに手ごたえがある。

間髪を容れず
（間合いを置《お》かず）すぐに。

断片
きれはし。かけら。

既存
すでに存在《そんざい》すること。

ゴールの問題

問1　――線部①「『思考の断片化』を促進するという危険性」とはどういうことですか。その説明《せつめい》として最《もっと》も適当《てきとう》なものを次の中から選《えら》び、記号で答えなさい。

ア　間髪を容れず多くのメールへ対応していると、既存の思考の枠の中に自分を押し込めてしまうしかなくなってくるということ。

イ　打てば響くように返信することだけを考えているので、他者を思いやるような大切な時間を確保できそうにもないということ。

ウ　まったく違った内容のメールにすぐに返信するため、頭の中が混乱し考えていたことが思い出せなくなってしまうということ。

エ　多くのメールにすばやく返信することに重点が置かれ、一つのことをじっくり考える習慣が奪われてしまっているということ。

オ　誰かからのメールが届くと、すばやく返信しなければならないため、その時考えていたことを中断せざるをえないということ。

□

問2　――線部②「私はそんなありきたりのパターンに当てはめられてしまう対応が嫌いでもある」とありますが、それはどういうことですか。五十字以内《いない》で説明《せつめい》しなさい（句読点《くとうてん》も一字に数えます）。（一部改題《かいだい》）

万人　すべての人。多くの人。

表象　象徴《しょうちょう》。

代替　他の物で代用すること。

最大公約数　二つ以上《いじょう》の整数の共通《きょうつう》の約数のなかでいちばん大きいもの。ここでは、多くの人に共通すること。

一般化　物ごとをひろい範囲《はんい》にゆきわたらせること。

該当　あてはまること。

用を足す　用事をすます。

問3 ——線部③「余計な心配」とありますが、それはどのような心配ですか。その説明《せつめい》として最《もっと》も適当《てきとう》なものを次の中から選《えら》び、記号で答えなさい。

ア 最近の若い人の間では、大切な人に自分の思いを伝える言葉がどんどん短くなっており、その言葉で相手が本当に理解してくれるのかという心配。

イ 用事を済ませるのに使うような短い言葉だけで大切な人とやり取りをしていて、はたして本当にお互いを理解し合っているのだろうかという心配。

ウ 短い言葉だけで会話のやりとりを済ませることに慣れてしまうと、大切な人に対する態度も横着なものになってしまうのではないかという心配。

エ 大切な人に大事な事柄を伝える時に、相手を楽しませる要素を持つ顔文字などを使ってしまって、相手は真剣に取り合ってくれるのかという心配。

オ いざ自分の感情を大切な人に面と向かって伝えようとするときに、短い言葉を重ねるだけで語い力が身についていないのではないかという心配。

（大阪星光学院中学校・２０２０年度）

JUMP! 先生と一緒《いっしょ》に、もう一度問題文を読んでみよう！

● 次の文章を読んで、後の問いに答えなさい。（設問《せつもん》の都合上、省略《しょうりゃく》した部分がある）。

手紙を書くと、返事が気になるものだ。早く返事が来ないかと心待ちにする。返事が来て、いそいそと封《ふう》を開けるときのちょっとしたときめきは忘《わす》れられないものだ。それが、恋文《こいぶみ》、ラブレターのときは特《とく》に。

亡《な》くなった妻《つま》、河野裕子《かわのゆうこ》の遺品《いひん》の整理に実家へ行ったとき、箱にしまわれているラブレターの束《たば》を見つけた。彼女《かのじょ》から私《わたし》へ送られたもの、私から彼女へ送ったもの、総数《そうすう》３００通ほどもあっただろうか。私は知らなかったのだが、二人がそれぞれ保管《ほかん》していたものを一緒《いっしょ》にして大切に箱にしまい、実家の押《お》し入《い》れに保管していたものらしい。

ほとんどが封書《ふうしょ》。お互《たが》いの家族にはあまり見られたくないこともあったのだろうが、それ以《い》上《じょう》に葉書では伝《つた》えられないほどの思いを伝えたいということが大きかったのだろう。（中略《ちゅうりゃく》）

返事は待ち遠しいが、あまりにも早く返ってきてしまうのは、かえって興《きょう》ざめなものでもある。「待つ」という期待の時間を奪《うば》われてしまうからだ。相応《そうおう》の時間をかけて書いた手紙に、あっけなく返事が返ってきたら、うれしさがちょっと希釈《きしゃく》されたように感じないだろうか。

ましていまはメールの時代である。ツィッターとか、ラインとか、私《わたし》などにはもうついていけない世界が広がっているのを痛感《つうかん》するが、今や時代遅《じだいおく》れなのかも知れないコンピュータからのメールでさえ、その文面がきわめて短くなっていると感じざるを得《え》ない。

どうやらケータイメールの世界では、来たらすぐに返事をするというのが当然《とうぜん》のこととされているらしい。返事は2、3日寝《ね》かせてからということはまずないようなのだ。すぐに返さないと仲間外《なかまはず》れにされるとも聞いたことがあるが、本当なのだろうか。

この説明文《せつめいぶん》の話題はつかめた？

返事って言葉が何回も出てきてるよ。

そうだね。返事について、筆者はどんな具体例《ぐたいれい》を出して、どんな意見を言っているのか読み取っていこうね。

早速、亡《な》くなった妻《つま》の具体例が出てきたよ。その前後で同じことをくり返しているね。

くり返しに気づいたね。でも、「～が」があるから、その後で重要《じゅうよう》なことを言ってるよ。こうやって説明文は、読んでいくんだよ。

返すまでの時間の短縮《たんしゅく》を優先《ゆうせん》すれば、当然内容《とうぜんないよう》が希薄《きはく》に、かつ短くならざるを得《え》ない道理である。相槌《あいづち》のようなものである。勢《いきお》い、出来あいの言葉で取り敢《あ》えず済《す》ませてしまう。例《れい》の「あ」と打てば「ありがとう」と変換《へんかん》してくれる、予測変換機能《よそくへんかんきのう》などが、この迅速《じんそく》な対応《たいおう》においに寄与《きよ》しているのだろう。言葉に神経《しんけい》を使っている暇《ひま》などはない。

おまけにツィッターというのは、最大《さいだい》文字数が140字までなのだそうだ。つまりこれらはすべて、通信《つうしん》の内容《ないよう》は〈すばやく、短く〉を原則《げんそく》としているように見える。

私も日々《ひび》メールのお世話になっており、いまやそれがない生活は考えられない。しかし一方で、メールは思いを伝えるのに適《てき》した通信手段《つうしんしゅだん》だろうかと考えると、必《かなら》ずしもそうだと答えられない自分がいることにも気づく。

メール、特《とく》にケータイメールの短いやり取りは、〈用を足す〉という目的《もくてき》のためには最適《さいてき》であろう。「あと5分で着くからね」と、昔は（私などは今でも）電話で伝《つた》えていたところをメールで送る。これで用は足りる。

しかし、これであるまとまった思いを、そして自分が何を考えているのかを相手に伝えようとするのは、まず無理《むり》である。140字で思いが伝《つた》えられると思えるだろうか。短歌ではわずか三十一文字で思いを伝えるではないか。名言と言われる文句《もんく》はたいてい短いがそれでも寸鉄《すんてつ》人を刺《さ》すような警句《けいく》もあるぞ、と言われれば確《たし》かに可能《かのう》ではある。しかし、それらは短い言葉になるまえに、言葉を見つけるまでの圧倒的《あっとうてき》な長さの時間を経《へ》てきたものなのだ。さらっと出たものではない。

特《とく》に肉筆で手紙を書いていた頃《ころ》、書くという行為《こうい》のなかで、自分の考えが徐々《じょじょ》に整理されていくのを実感できた。出来あいの誰《だれ》もが使う言葉を避《さ》け、自分の実感にもっともフィットする言葉を探《さが》しながら書くという行為《こうい》は、自分の考えを整理するとともに、思ってもいなかった考えの飛躍《ひやく》をもたらすことがある。

言葉にする前は、何か深遠なことを考えているようでも、実はほとんど何も考えていないに等しかったということはよくあることだ。その不徹底《ふてってい》さは、実際《じっさい》に手紙を書きはじめると、実は何を書きたかったのかさえわからなくなるような混乱《こんらん》として終ることも珍《めずら》しくもない。つまり、

さっきまで手紙の話をしていたのにメールが出てきたよ。

そういうの何て言うんだっけ？

対比《たいひ》！

すごい。ワザ4（対比・78ページ）をよく覚《おぼ》えていたね。比《くら》べることで筆者は何が言いたいのか、読み取っていこうね。

手紙	内容も待ち時間も長い
対	
メール ツィッター ライン	内容も待ち時間も短い

筆者は、どっちがいいって言ってるのかな。

手紙！　メールは、思いを伝えるのに適した通信手段ではないと考えているね。

私《わたし》たちはそれほどにも、日常《にちじょう》ものを突《つ》きつめて考えると言うことが少ないのだ。（中略《ちゅうりゃく》）

ケータイメールやツィッターは、独断《どくだん》の誹《そし》りを覚悟《かくご》で言えば、①「思考の断片化《だんぺんか》」を促進《そくしん》するという危険性《きけんせい》を持っているのではないかと、私は思っている。

誰《だれ》かからのメールが届《とど》くと、打てば響《ひび》くようにそれに返信《へんしん》をする。すぐまた別《べつ》の友人からのメールが届《とど》く。まったく違《ちが》った内容《ないよう》であろうが、それにも返信《へんしん》する。そのような間髪《かんはつ》を容《い》れず多くのメールへ対応《たいおう》するという習慣《しゅうかん》は、私たちから一つのことをじっくり考えるという習慣を奪《うば》ってしまう危険性を持っている。それはすなわち、〈自己へ向かう〉という大切な時間を奪ってしまうものでもある。

「思考の断片化《だんぺんか》」も怖《おそろ》しいが、気がつかないうちに陥《おちい》ってしまう、もう少し①「ヤバイ」危険性は、既存《きそん》の考え方の枠《わく》の中に自分を押《お》し込《こ》めてしまうことなのかもしれない。

できるだけ形容詞《けいようし》を使わないで、自分の感じたことを表現《ひょうげん》する大切さについてはすでに述《の》べた。自分だけが感じたことを伝《つた》えるためには、万人の共通感覚《きょうつうかんかく》の表象《ひょうしょう》である形容詞に頼《たよ》らないことは、基本《きほん》中の基本である。

この形容詞《けいようし》のもっとも現代的《げんだいてき》なバージョンが、絵文字というものであるかもしれない。絵文字、顔文字など多くのものが使われており、悲しいという表情《ひょうじょう》だけでも、何十種類《しゅるい》もあるらしい。時おり人からもらうメッセージにこんな顔文字が入っていたりすると、それはなかなか楽しいものではある。

文章のアクセントとしては、その意味はあるのだろうし、思わず頬《ほほ》が緩《ゆる》むということも効果《こうか》の一つであろうが、②いっぽうで感情表現《かんじょうひょうげん》がこのような既成《きせい》の絵文字によって代替《だいたい》されてしまうことは、やはりまずいのではないかと私は思っている。絵文字にせよ、顔文字にせよ、それらは多くの人たちの、ある感情の最大公約数《さいだいこうやくすう》であろう。形容詞のもっとも一般化《いっぱんか》されたものといってもいいかもしれない。

メールの短さの制限《せいげん》から、そのような顔文字を使うのは、効率的《こうりつてき》であることはまちがいない。しかし、自分の今の考えや感情を、どの絵文字を使えば、いちばん近いだろうと選《えら》ぶ作業は、自分の感情をどう表現しようかというよりは、すでに用意されているパターンのどれに該当《がいとう》す

ケータイメールやツィッターは「思考の断片化」だと言って、危険性があるって。
それを同じことがほかでもくり返されていないかな。
あった！ ここで言いかえてくり返している。
その通り。
ここから、さらに「ヤバイ」危険性の話になっていくよ。
①②③④、この４つのところで、同じことをくり返して言ってる。
形容詞と絵文字に自分の感情を当てはめてしまうことがヤバイと言ってるね。
筆者ってこんなにくり返しているんだ〜。

③るかを択《えら》ぶ、当てはめるという作業にすり替《か》わっているのだとも言える。

最大公約数としての絵文字にすり寄《よ》るような形で自分の感情を整理してしまうことは、自分という、他にはないはずの存在《そんざい》に対して、あまりにも無責任《むせきにん》な対応《たいおう》ではないのかと思うのである。たぶん、〈私《わたし》〉は、それらあらかじめ用意されたどれとも違《ちが》う「悲しい」をいま感じているはずなのである。それらを掘《ほ》り起こしてやらなければ、自分が可哀《かわい》そうではないだろうか。

絵文字を受け取って楽しいと思う感情とは裏腹《うらはら》に、④②私《わたし》はそんなありきたりのパターンに当てはめられてしまう対応《たいおう》が嫌《きら》いでもある。

短い言葉だけで〈用を足す〉生活に慣《な》れ過《す》ぎると、ものごとを基本に立ち返って考えるという習慣《しゅうかん》に乏《とぼ》しくならざるを得《え》ない。〈用を足す〉だけの短文で、身のまわりの友人や、まして恋人《こいびと》と繋《つな》がっていて、ほんとうに大丈夫《だいじょうぶ》なのか、と③余計《よけい》な心配をしたくもなるのである。

（永田和宏《ながたかずひろ》「知の体力」より）

くり返しに気づいたら、筆者の意見がつかみやすくなるよ。言いかえてくり返すことで筆者は意見を強調するからね。

ゴールの問題

問1 ――線部①「『思考の断片化』を促進するという危険性」とはどういうことですか。その説明《せつめい》として最《もっと》も適当《てきとう》なものを次の中から選《えら》び、記号で答えなさい。

ア 間髪を容れず多くのメールに対応していると、既存の思考の枠の中に自分を押し込めてしまうしかなくなってくるということ。

イ 打てば響くように返信することだけを考えているので、他者を思いやるような大切な時間を確保できそうにもないということ。

ウ まったく違った内容のメールにすぐに返信するため、頭の中が混乱し考えていたことが思い出せなくなってしまうということ。

エ 多くのメールにすばやく返信することに重点が置かれ、一つのことをじっくり考える習慣が奪われてしまっているということ。 ○49〜51行目

オ 誰かからのメールが届くと、すばやく返信しなければならないため、その時考えていたことを中断せざるをえないということ。

エ

問2 ――線部②「私《わたし》はそんなありきたりのパターンに当てはめられてしまう対応が嫌いでもある」とありますが、それはどういうことですか。五十字以内《いない》で説明《せつめい》しなさい（句読点《くとうてん》も一字に数えます）。（一部改題《かいだい》）

既存の絵文字で自分の感情を置きかえようとするのは、無責任で、筆者には納得できないということ。

四十六字（同意可《か》）

あれ〜、答えをオにしちゃったよ〜。

――線部の『思考の断片化』だけ見ると、たしかにオが正解《せいかい》に見えるね。でも、促進する危険性について言いかえられてないよ。

あ、そっかあ。本文に手がかりを探しにもどろうっと。それと、アの「しか」、イの「だけ」は言いすぎの表《ひょう》現《げん》だから、疑《うたが》ってかかるんだったよね。

すばらしい！

どういうことってきかれたら？

――線部の言いかえ問題！

問3 ――線部③「余計な心配」とありますが、それはどのような心配ですか。その説明として最《もっと》も適当《てきとう》なものを次の中から選《えら》び、記号で答えなさい。

ア 最近の若い人の間では、大切な人に自分の言葉を伝える言葉がどんどん短くなっており、その言葉で相手が本当に理解してくれるのかという心配。

イ 用事を済ませるのに使うような短い言葉だけで大切な人とやり取りをしていて、はたして本当にお互いを理解し合っているのだろうかという心配。

ウ 短い言葉だけで会話のやりとりを済ませることに慣れてしまうと、大切な人に対する態度も横着なものになってしまうのではないかという心配。

エ 大切な人に大事な事柄を伝える時に、相手を楽しませる要素を持つ顔文字などを使ってしまって、相手は真剣に取り合ってくれるのかという心配。

オ いざ自分の感情を大切な人に面と向かって伝えようとするときに、短い言葉を重ねるだけで語い力が身についていないのではないかという心配。

（大阪星光学院中学校・２０２０年度）

イ

正解《せいかい》。――線部を3つに分けて言いかえていくと解《と》きやすいよ。
①ありきたりのパターン
②当てはめられてしまう
③対応《たいおう》が嫌《きら》いである

オッケー。それぞれ言いかえて答えてみるよ。

さっき文章を読んだときに、言いかえに線を引いたよ。

あ、たしかに。①②③④って線を引いたね。そこを見れば答えに使えるはず！　②～③の言葉を使って書くね。

文中に書いてないことに×をつけていったら、問3はできたよ。

キズ（×）探《さが》しがうまくなったね。

07

ワザ7 比喩《ひゆ》

似《に》すぎなのよ

今回のポイント

読んでて、急にたとえが出てきたなって気づくときない？ 筆者は印象《いんしょう》づけるためにたとえ（比喩）を使うんだよ。それ要注意《ようちゅうい》！

HOP 何かを何かにたとえることで、筆者は何が言いたいのか読み取る！

あ～、あれが食べたいな～。まんまるなお月様みたいで、あかちゃんのほっぺのようにやわらかい、あれ。

わかった、簡単《かんたん》すぎる。大福だね。

も～先生は、わかってないな～。そろばんの玉みたいに、ささってるあれだよ～。

それなら、答えは一つ。お団子《だんご》だね！

正解《せいかい》！

キミがたとえを使って話すから、印象《いんしょう》づいて、先生もお団子を食べたくなってきちゃったなあ。

へへへ。想像《そうぞう》しちゃったでしょ。

たとえ（比喩）が上手！ 筆者も同じワザをよく使うんだ。「ワザ7・比喩」筆者は、ある事柄《ことがら》を似《に》た特徴《とくちょう》を持つものにたとえることで、印象づけするんだよ。「桃《もも》太《た》郎《ろう》劇場《げきじょう》」を見てみよう。

たとえるって、伝《つた》えたいことのイメージがぱっと浮《う》かぶね。イヌってば、とっても身体能力《のうりょく》が高いのに精神《せいしん》はよわよわだね。

ただ、イヌは精神が弱いんだよって言われるより、たとえ（比喩）を使ったほうが印象づいたでしょ？

こんなふうに筆者もたとえることで自分の意見を強調してるんだね。でもさ、比喩に気づけるかなあ。

比喩には直喩《ちょくゆ》と暗喩《あんゆ》があるんだよ。暗喩は気づきにくいんだよね。

直喩と暗喩？　はじめて聞いたよ。

物語文でも出てくるんだよ。

へ～。よく使われるワザなんだね。

直喩…「まるで～のような」「あたかも～みたいな」などの形で比喩を表すもの。
暗喩…「まるで～のような」「あたかも～みたいな」などの形を用いないもの。

直喩はわかりやすそうだけど、暗喩が見つけにくそう。

じゃあ、わかるようにたくさん宿題出すね。

地獄《じごく》だ～！

お。それが暗喩だよ。たくさんの宿題と地獄の共通点《きょうつうてん》をとらえて上手に使えてるよ。共通点のあるものに気をつけながら「比喩かな」って疑《うたが》って読んでいくといいよ。

やってみるか。

先生はいつも見守ってるからね。

先生ってば天使みたいだね！

比喩を使いこなしてるね。

桃太郎劇場《ももたろうげきじょう》⑨
イヌのキバはダイアモンドのように固い
イヌの爪は刀のように鋭い
イヌの体毛は毛布のように温かい
イヌのメンタルは豆腐のようにやわらかい
空は飛べないんだってね
ガーン

わかったらチェック！

- たとえのことを比喩という。
- 比喩には直喩と暗喩がある。
- たとえることで筆者が何を伝えたいのかを考える。

STEP 説明文攻略《こうりゃく》の「3つのミッション」に取り組みながら問題を解《と》こう！

●次の文章を読んで、後の問いに答えなさい。

満員《まんいん》電車で、乗客たちの行動を見ていて気がついたことがある。それは、この*おびただしい数の、押《お》しつぶされた人間たちが、例外《れいがい》なしに無表情《むひょうじょう》で、しかも無言《むごん》だ、という事実である。みんな、むっつりと黙《だま》って、つまらなそうな顔をしている。もとより、満員電車に乗っているということは、あんまり愉快《ゆかい》な経験《けいけん》であろうはずがなく、この何千何万の通勤者《つうきんしゃ》たちが、イワシのカン詰《づ》めのごとくにつぶされ、なおかつ、ニコニコおしゃべりをしているとするなら、それこそ不気味《ぶきみ》というべきであろう。無表情、無言、ということこそ、こうした場合の人間性《にんげんせい》なのである。

だが、①その無表情、無言も*程度《ていど》問題だ、とわたしは思う。*とりわけ、満員電車から降《お》りるときに、無言で人を押《お》しのけ、ドアに向かって移動《いどう》する人々《ひとびと》にぶつかると、なんとなく、変《へん》な気持ちになる。それは、*あたかも人間のかたまりのまん中を*貫通《かんつう》して、巨大《きょだい》なモグラが動いているような感じなのだ。押しのけるほうも、押しのけられるほうも、ひたすら無言。それがわたしには不思議《ふしぎ》なのである。

同じようなことを、わたしは、例《たと》えばデパートのエレベーターなどでも経験する。ある階で止まると、突然《とつぜん》に、奥《おく》のほうから無言のモグラが動いてくる。突然だから、こっちもびっくりする。いずれにせよ、あんまり、いい気持ちのものではない。

ちょっとひと言、声をかけてくれればいいのに、と思う。「降《お》りますよ」「ごめんなさい」——そういう簡単《かんたん》なひと言がかけられれば、こっちもそれを一つの準備刺激《じゅんびしげき》として、通過《つうか》する空間を作るべく努力《どりょく》できるはずである。そして、「どうぞ」という反応《はんのう》の言葉も、おのずから出

3つのミッション

①話題に◯印《しるし》を付《つ》ける。

②具体例《ぐたいれい》を（ ）でくくる。

③「しかし」などの逆接《ぎゃくせつ》・「つまり」などの言いかえの接続詞《せつぞくし》に△をつけて、筆者の意見に——線を引く。

上の文に、鉛筆《えんぴつ》で書き込《こ》んでみてね。

おびただしい
たいへん多い。

程度問題
ほどほどにするべきだということ。

とりわけ
その中でも。とくに。

てこようというものだ。黙《だま》って、やたらに背中《せなか》を押されていたのでは、何が何やらわからず、不愉快《ふゆかい》な思いをせざるをえない。

そのうえ、この②モグラ人間の中には、しばしば、押し分け、かき分けながら、周《まわ》りの人間たちを一種《いっしゅ》の敵意《てきい》と＊憎悪《ぞうお》に満《み》ちた眼差《まなざ》しでにらみつける連中《れんちゅう》がいる。あたかも、自分が脱出《だっしゅつ》のため四苦八苦しているのは、周りの人間たちがいけないからだ、といったような表情《ひょうじょう》がそこにはある。そういう表情でにらまれると、こっちも腹《はら》が立ち、出してやるものか、といった気持ちがかすめる。したがって、ゆずり合うというよりも、押し合う姿勢《しせい》をとらざるをえなくなり、満員の電車やエレベーターは、ますます不愉快《ふゆかい》な経験となる。

さまざまなサービスの場面でも、われわれは、＊おしなべて＊沈黙民族《ちんもくみんぞく》だ。例《たと》えば喫茶店《きっさてん》で飲む一杯《いっぱい》のコーヒーがそうだ。ウェイトレスが注文をとりにくる。われわれの多くは、ただ「コーヒー」とひと言事務的《じむてき》につぶやく。彼女《かのじょ》は、やがて無言のままコーヒーと伝票《でんぴょう》を、これまた事務的にポンとテーブルの上に置《お》き、お客のほうも、黙々《もくもく》とコーヒーを飲み、金を払《はら》って帰ってゆく。これもまた、どうにかならないか、とわたしは思う。

こんなことを言うのも、ひょっとすると、わたし自身がアメリカやヨーロッパで暮《く》らしたり、滞在《たいざい》したりした時の経験が背景《はいけい》にあるからなのかもしれない。同じ一杯のコーヒーでも、＊欧《おう》米《べい》、とりわけアメリカの社会では、だいぶ様子がちがうのである。

例《たと》えば、アメリカでコーヒー・ショップに入る。ウェイトレスはメニューを持って「おはようございます。ご機嫌《きげん》いかが？」と、まずこうくる。こっちのほうは、それに答えて、「ありがとう、まあまあだね、ところで……」と、とにかく、何かものを言わざるをえないしかけになっているのである。そして、そういう、＊行きずりの人間関係《かんけい》の＊ウォーミング・アップののちに、コーヒーが運ばれてくるわけで、したがって、彼女のほうは、「お待たせしました。さあどうぞ」ということになり、こちらとしても、「ありがとう」という言葉が自然《しぜん》に出てくるものなのだ。

＊もとより、こんなふうにして交わされる二言三言の会話に＊実用的《てき》意味があるか、といえば、

あたかも
まるで。ちょうど。

貫通
つきぬけること。

憎悪
ひどくにくみ、きらうこと。

おしなべて
だいたい。

沈黙
だまっていること。無言《むごん》。

欧米
ヨーロッパとアメリカ。

行きずり
通りすがり。

ウォーミング・アップ
本格的《ほんかくてき》な運動時間前に、体をやわらかくし、あたためるためにする軽い準備《じゅんび》運動や練習。

答えは否《いな》である。別《べつ》にお天気がよかろうと悪かろうと、あるいは当方の機嫌《きげん》がどうであろうと、そんなことは実のところ、問題ではない。要《よう》するに、この種《しゅ》の「会話」は言葉の「意味」に照《て》らして考えてみたら、全く無意味《むいみ》という以外《いがい》に言いようはないのである。しかし、この無意味なる会話のあるなしによって、人間どうしのかかわり合いの形は、ずいぶん異《こと》なったものになる。早い話、ぶすっ、と押《お》し黙《だま》ったウェイトレスがガチャリとテーブルの上に置《お》いてゆくコーヒーと、にっこりほほえんで「さあどうぞ」と置かれるコーヒーと、どっちがあなたにとっておいしいか。

日本文化が沈黙《ちんもく》によって支配《しはい》されているのは、いったいなぜか――これは歴史的《れきしてき》にも社会的にも、きわめて興味《きょうみ》ある問題である。柳田国男《やなぎたくにお》先生がその著作《ちょさく》の中でくり返し指摘《してき》されたように、日本の民衆《みんしゅう》生活の中で、おしゃべりというものがマイナスの価値《かち》をもち、ただ黙々《もくもく》と働《はたら》くことが美徳《びとく》とされてきたこと、そして、さらに、そんなわけで「もの言うすべ」を身につける機会《きかい》を日本人の多くがもたなかったこともその一因《いちいん》だろう。また、いちいち、あれをこうしろとか、こっちをどうしろとか、言葉を使わないでも以心伝心《いしんでんしん》式の方法《ほうほう》でどうにか社会を維《い》持《じ》してきたという実績《じっせき》が、沈黙への自信《じしん》を深めている、とみることもできる。

わたしは、日本文化の改造《かいぞう》などという大それたことに気焔《きえん》をあげたくはない。しかし、満員《まんいん》電車から降《お》りるときには、「すみません、降《お》りますよ」というひと言を、また、何かのサービスを受けたときには「ありがとう」というひと言を口にするという簡単《かんたん》な習慣《しゅうかん》が、一人でも多くの日本人の中に定着してほしいと思う。旗《はた》を立てて絶叫《ぜっきょう》するのも結構《けっこう》だが、ふだんの小さな会話を大事にしたいと思う。それだけで、ずいぶん身辺《しんぺん》は明るくなるにちがいないのである。

（加藤秀俊《かとうひでとし》の文章を一部改変《かいへん》した）

もとより
いうまでもなく。

実用
実際《じっさい》に役だつこと。

当方
自分の方。こちら。

柳田国男
有名な日本文化の研究者。

民衆
世の中の一般《いっぱん》の人たち。

美徳
りっぱな心がけやおこない。

以心伝心
ことばに出さなくても、気持ちが通じあうこと。

実績
実際《じっさい》にあらわれた成績《せいせき》。

ゴールの問題

問1 ――線①「その無表情、無言も程度問題だ」とありますが、「程度問題」とはどういうことですか。次のア～エの中から最《もっと》も適当《てきとう》なものを選《えら》び、記号で答えなさい。

ア 不愉快な満員電車に乗っているので、誰もが無表情・無言になってしまうのはわかるが、電車から降りる人に押されても黙って我慢しているのはおかしいということ。

イ 不愉快な満員電車に乗っているので、人々が無表情になったり、無言になるのはわかるが、電車を降りる際に人を押しのけても黙ったままでいるのはおかしいということ。

ウ 不愉快な満員電車に乗っているので、皆無表情・無言でいるのは当然だが、イワシのカン詰めのように押《お》しつぶされそうになっても不平も言わずに我慢しているのはおかしいということ。

エ 不愉快な満員電車に乗っている時は誰でも無言になるので、電車を降りる際声をかけにくくなってしまうのは当然だが、人とぶつかっても無言でいるのはおかしいということ。

問2 ――線②「モグラ人間」とはどのような人間ですか。四十字程度《ていど》で説明《せつめい》しなさい（「、」や「。」も一字と数えます）。

（白百合学園中学校・２０１１年度）

気焔をあげる
勢《いきお》いさかんに意見を述《の》べる。

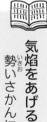

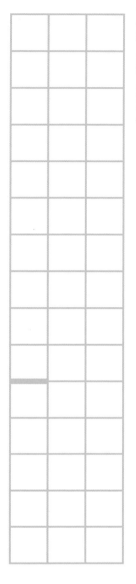

JUMP! 先生と一緒《いっしょ》に、もう一度問題文を読んでみよう！

●次の文章を読んで、後の問いに答えなさい。

満員《まんいん》電車で、乗客たちの行動を見ていて気がついたことがある。それは、このおびただしい数の、押《お》しつぶされた人間たちが、例外《れいがい》なしに無表情《むひょうじょう》で、しかも無言《むごん》だ、という事実である。みんな、むっつりと黙《だま》って、つまらなそうな顔をしている。もとより、満員電車に乗っているということは、あんまり愉快《ゆかい》な経験《けいけん》であろうはずがなく、この何千何万の通勤者《つうきんしゃ》たちが、イワシのカン詰《づ》めのごとくにつぶされ、なおかつ、ニコニコおしゃべりをしているとするなら、それこそ不《ぶ》気味というべきであろう。無表情、無言、ということこそ、こうした場合の人間性《にんげんせい》なのである。

だが、①その無表情、無言も程度問題だ、とわたしは思う。とりわけ、満員電車から降《お》りるときに、無言で人を押《お》しのけ、ドアに向かって移動《いどう》する人々《ひとびと》にぶつかると、なんとなく、変《へん》な気持ちになる。それは、あたかも人間のかたまりのまん中を貫通《かんつう》して、巨大《きょだい》なモグラが動いているような感じなのだ。押しのけるほうも、押しのけられるほうも、ひたすら無言。それがわたしには不思議《ふしぎ》なのである。

同じようなことを、わたしは、例《たと》えばデパートのエレベーターなどでも経験する。ある階で止まると、突然《とつぜん》に、奥《おく》のほうから無言のモグラが動いてくる。突然《とつぜん》だから、こっちもびっくりする。いずれにせよ、あんまり、いい気持ちのものではない。

ちょっとひと言、声をかけてくれればいいのに、と思う。「降りますよ」「ごめんなさい」――そういう簡単《かんたん》なひと言がかけられれば、こっちもそれを一つの準備《じゅんび》刺激《しげき》として、通過《つうか》する空間を作るべく努力《どりょく》できるはずである。そして、「どうぞ」という反応《はんのう》の言葉も、おのずから出て

話題は、無表情、無言についてでいいの？ 満員電車も2回も出てきてるよ。

満員電車は具体例《ぐたいれい》じゃないかな。

具体よりも抽象《ちゅうしょう》のほうが重要《じゅうよう》だったの忘《わす》れてた〜。じゃあ、話題は、無表情・無言についてだね。

そうだよ。

満員電車の中に、巨大なモグラなんてほんとにいるの？

アハハ！ いないいない。何かを巨大なモグラにたとえているんだよ。

え、なに？

こようというものだ。黙《だま》って、やたらに背中《せなか》を押されていたのでは、何が何やらわからず、不《ふ》愉快《ゆかい》な思いをせざるをえない。

そのうえ、この②モグラ人間の中には、しばしば、押《お》し分け、かき分けながら、周《まわ》りの人間たちを一種《いっしゅ》の敵意《てきい》と憎悪《ぞうお》に満《み》ちた眼差《まなざ》しでにらみつける連中《れんちゅう》がいる。あたかも、自分が脱出《だっしゅつ》のため四苦八苦しているのは、周りの人間たちがいけないからだ、といったような表情《ひょうじょう》がそこにはある。そういう表情でにらまれると、こっちも腹《はら》が立ち、出してやるものか、といった気持ちがかすめる。したがって、ゆずり合うというよりも、押《お》し合う姿勢《しせい》をとらざるをえなくなり、満員の電車やエレベーターは、ますます不愉快《ふゆかい》な経験となる。

さまざまなサービスの場面でも、われわれは、おしなべて沈黙民族《ちんもくみんぞく》だ。例《たと》えば喫茶店《きっさてん》で飲む一杯《いっぱい》のコーヒーがそうだ。ウェイトレスが注文をとりにくる。われわれの多くは、ただ「コーヒー」とひと言事務的《じむてき》につぶやく。彼女《かのじょ》は、やがて無言のままコーヒーと伝票《でんぴょう》を、これまた事務的にポンとテーブルの上に置《お》き、お客のほうも、黙々《もくもく》とコーヒーを飲み、金を払《はら》って帰ってゆく。これもまた、どうにかならないか、とわたしは思う。

こんなことを言うのも、ひょっとすると、わたし自身がアメリカやヨーロッパで暮《く》らしたり、滞在《たいざい》したりした時の経験が背景《はいけい》にあるからなのかもしれない。同じ一杯のコーヒーでも、欧《おう》米《べい》、とりわけアメリカの社会では、だいぶ様子がちがうのである。

例《たと》えば、アメリカでコーヒー・ショップに入る。ウェイトレスはメニューを持って「おはようございます。ご機嫌《きげん》いかが？」と、まずこうくる。こっちのほうは、それに答えて、「ありがとう、まあまあだね、ところで……」と、とにかく、何かものを言わざるをえないしかけになっているのである。そして、そういう、行きずりの人間関係《かんけい》のウォーミング・アップののち、コーヒーが運ばれてくるわけで、したがって、彼女のほうは、「お待たせしました。さあどうぞ」ということになり、こちらとしても、「ありがとう」という言葉が自然《しぜん》に出てくるものなのだ。

もとより、こんなふうにして交わされる二言三言の会話に実用的《てき》意味があるか、といえば、

人間が満員電車の中で人をかき分けて進む様子をモグラにたとえているんだよ。

人間をモグラにたとえるなんて、筆者はよく思っていないんだね。マイナスの印象《いんしょう》を持っていることがよく伝《つた》わってくるね。

筆者は、具体例の前後で、同じことを何回も言っているね。

具体と抽象のつながりが、よくつかめているね。満員電車やエレベーター、喫茶店の具体例を挙《あ》げて、筆者は、ちょっと一言、声をかけてくれればいいって意見を言ってるんだよ。

あれ？ アメリカの話が出てきたよ。もしかして日本と比《くら》べる対比《たいひ》？

ワザをマスターしてるね。対比はワザ4（78ページ）で学習したもんね。

答えは否《いな》である。別《べつ》にお天気がよかろうと悪かろうと、あるいは当方の機嫌《きげん》がどうであろうと、そんなことは実のところ、問題ではない。要《よう》するに、この種《しゅ》の「会話」は言葉の「意味」に照《て》らして考えてみたら、全く無意味《むいみ》という以外《いがい》に言いようはないのである。しかし、この無意味なる会話のあるなしによって、人間どうしのかかわり合いの形は、ずいぶん異《こと》なったものになる。早い話、ぶすっ、と押《お》し黙《だま》ったウェイトレスがガチャリとテーブルの上に置《お》いてゆくコーヒーと、にっこりほほえんで「さあどうぞ」と置かれるコーヒーと、どっちがあなたにとっておいしいか。

日本文化が沈黙《ちんもく》によって支配《しはい》されているのは、いったいなぜか——これは歴史的《れきしてき》にも社会的にも、きわめて興味《きょうみ》ある問題である。柳田国男《やなぎたくにお》先生がその著作《ちょさく》の中でくり返し指摘《してき》されたように、日本の民衆《みんしゅう》生活の中で、おしゃべりというものがマイナスの価値《かち》をもち、ただ黙々《もくもく》と働《はたら》くことが美徳《びとく》とされてきたこと、そして、さらに、そんなわけで「もの言うすべ」を身につける機会《きかい》を日本人の多くがもたなかったこともその一因《いちいん》だろう。また、いちいち、あれをこうしろとか、こっちをどうしろとか、言葉を使わないでも以心伝心《いしんでんしん》式の方法《ほうほう》でどうにか社会を維持《いじ》してきたという実績《じっせき》が、沈黙への自信《じしん》を深めている、とみることもできる。

わたしは、日本文化の改造《かいぞう》などという大それたことに気焔《きえん》をあげたくはない。しかし、満員《まんいん》電車から降《お》りるときには、「すみません、降《お》りますよ」というひと言を、また、何かのサービスを受けたときには「ありがとう」というひと言を口にするという簡単《かんたん》な習慣《しゅうかん》が、一人でも多くの日本人の中に定着してほしいと思う。旗《はた》を立てて絶叫《ぜっきょう》するのも結構《けっこう》だが、ふだんの小さな会話を大事にしたいと思う。それだけで、ずいぶん身辺《しんぺん》は明るくなるにちがいないのである。

（加藤秀俊《かとうひでとし》の文章を一部改変《かいへん》した）

比《くら》べることで何が言いたいのかを読み取らなくちゃいけないんでしょ。

その通り！

アメリカはちょっとした会話があるんだね。

筆者は日本とアメリカ、どっちがいいって言ってるのかな？

ちょっとした会話をするアメリカのほうがいいって言ってるよ。

そうだね。こんなふうに比べることで筆者は意見を強調するんだよ。

ねえ、先生。ずっと同じ意見言ってない？

ワザ6（106ページ）で学んだ言いかえに気づけたね。

筆者は、結局《けっきょく》、小さな会話を大事にしたいって言ってるんだね。

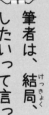

ゴールの問題

問1 ——線①「その無表情、無言も程度問題だ」とありますが、「程度問題」とはどういうことですか。次のア〜エの中から最《もっと》も適当《てきとう》なものを選《えら》び、記号で答えなさい。

ア 不愉快な満員電車に乗っているので、誰もが無表情・無言になってしまうのはわかるが、電車から降りる人に押されても黙って我慢しているのはおかしいということ。

イ 不愉快な満員電車に乗っているので、人々か無表情になったり、無言になるのはわかるが、電車を降りる際に人を押しのけても黙ったままでいるのはおかしいということ。

ウ 不愉快な満員電車に乗っているので、皆無表情・無言でいるのは当然だが、イワシのカン詰めのように押しつぶされそうになっても不平も言わずに我慢しているのはおかしいということ。

エ 不愉快な満員電車に乗っている時は誰でも無言になるので、電車を降りる際声をかけにくくなってしまうのは当然だが、人とぶつかっても無言でいるのはおかしいということ。

イ

カンペキ!

問題に、「どういうことですか」って書いてあるよ。これ何問題だっけ。

「どういうことですか」は、傍線《ぼうせん》部の言いかえ問題!

前回のワザ6言いかえ（106ページ）で学んだことが使えているね!

まあね。でも、解《と》くのはなかなかむずかしかったよ。

文中に書いていないことは、どんどんキズ（×）をつけていこうね。これを消去法《しょうきょほう》っていうんだよ。

知ってる。ワザ1からやったもん。キズ（×）をつけていけば、意外といける!

消去法の腕《うで》を上げてきたね。

問2 ——線②「モグラ人間」とはどのような人間ですか。四十字程度《ていど》で説明《せつめい》しなさい（「、」や「。」も一字と数えます）。

（解答例《かいとうれい》）△

満員電車やエレベーターから、無言で人を押しのけ、ドアに向かって移動する人間。

（解答例《かいとうれい》）○

移動する乗り物から降りるため、無《む》言で人を押しのけ、ドアに向かって移動する人間。

（白百合学園中学校・2011年度）

アとウは、押《お》されたほうが黙《だま》っていることが書かれているけど、黙ったまま押す人のことをおかしいって言ってないから×。エの「誰でも」「当然」は、言いすぎ。

言いすぎの表現《ひょうげん》に注目できたね。すばらしい！

「モグラ人間」、「巨大《きょだい》なモグラ」は比喩《ひゆ》だったね。

比喩問題は、何が何にたとえられているのか、もとの事実にもどす問題だよ。

満員《まんいん》電車やエレベーターから、無言《むごん》で人を押《お》しのけながら降《お》りる人がモグラにたとえられているってこと？

その通りだよ。その答えで十分。でも記述《きじゅつ》に書くときは具体例《ぐたいれい》を抽象的《ちゅうしょうてき》に言いかえてあげるとなおいいね。

比喩《ひゆ》で遊ぼう！
何かを何かでたとえてみよう。

（例）

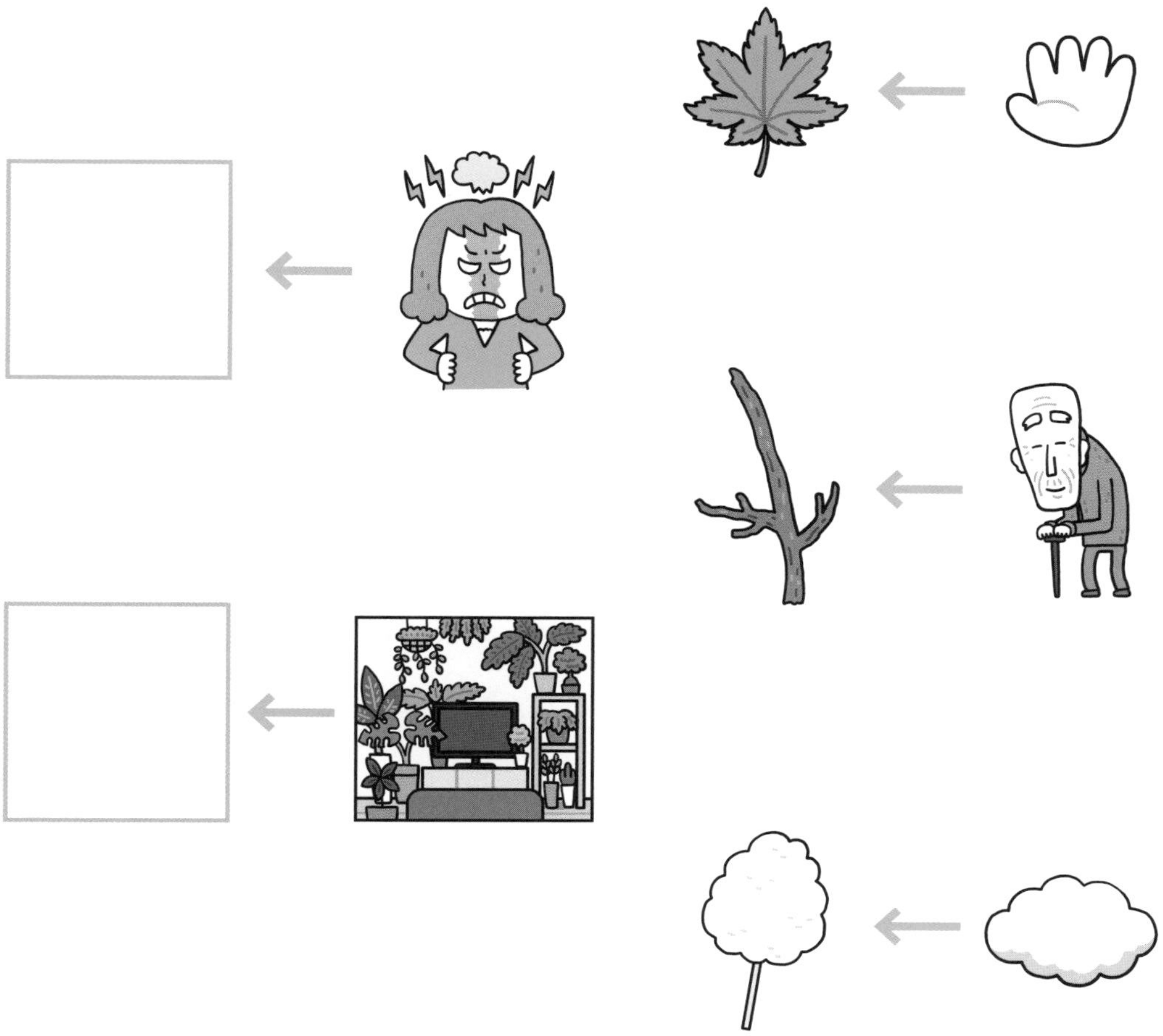

え〜〜〜。満員電車とエレベーターを使わないでどう表現《ひょうげん》するのさ。

「移動《いどう》する乗り物」ってまとめるのはどう？　こういうのを抽象化っていうんだよ。

さすが、先生だ。

絵をかくとイメージがわくね。鬼とジャングル。

第3章

総合演習

01 成城学園中学校（2015年度）

02 同志社香里中学校（2018年度）

03 海城中学校（2019年度）

04 早稲田大学高等学院中学部（2017年度）

第２章までの授業は
理解できたかな？
次は実際の入試問題に挑戦して、
力試ししてみよう！
答案用紙は
ダウンロード
できるよ！
↓

01 総合演習《そうごうえんしゅう》

成城《せいじょう》学園中学校（2015年度）

目標《もくひょう》時間
5年生……35分
6年生……25分

文章の文字数
2687字

● 次の文章を読んで、後の問いに答えなさい。（句読点《くとうてん》や記号も一字と数えます。）

A

「二月になると、森で子リスがゆらゆら眠《ねむ》る」というような詩を読んだ記憶《きおく》がある。印象《いんしょう》深かったわりには、作者の名前も正確《せいかく》な文章もさだかでないのだが、「ゆらゆら眠る」という表現《ひょうげん》が妙《みょう》に頭に残《のこ》っている。

①ほんとをいうと、リスは子リスで冬を越《こ》すのかどうか、あまりよくわからない。冬を越すのはたしか、もう大人になってからではなかったろうか？

②そんな詮索《せんさく》はまあよいとして、リスはまん丸くなって眠っているはずだ。あの太い温かそうなしっぽで体をくるんと包《つつ》んで……。

そういえば、ヤマネも冬はまん丸くなって眠っている。ヤマネはリスに似《に》ているが、じつはリスの仲間《なかま》ではなく、ネズミにずっと近い動物である。

ネズミの仲間は冬ごもりも冬眠《とうみん》もしない。どんなに寒い冬でも、彼《かれ》らはチョロチョロ走りまわって餌《えさ》を探《さが》す。これは彼《かれ》らにとっては大変《たいへん》なことであろう。でもどういうわけか冬眠しないことにしてしまった以上《いじょう》、餌は食べなければならない。 a ひもじくなって体が冷《ひ》え、死んでしまう。

あの恐竜《きょうりゅう》たちが滅《ほろ》びてしまったのは、彼《かれ》らが変温《へんおん》動物だったからだともいわれている。地球上の気候《きこう》がしだいしだいに変化《へんか》して、少しずつ少しずつ寒くなっていった。変温動物はよく冷血《れいけつ》動物ともいわれる。けれど、変温動物はいつも「冷血」なのではない。気温が高くて、日光をたっぷり浴《あ》びていれば、体の温度はどんどん上がる。ただしまわりが寒くなれば、それに見合って体温も下がって冷血になってしまうだけだ。そういう意味では、冷血動物よりは、変温動物のほうがより適切《てきせつ》な呼《よ》びかたである。

地球上が一年じゅう寒くなってしまうと、変温動物はとても困《こま》る。体が温まるときがなくなり、いつも動きが鈍《にぶ》くなって、十分に餌もとれなくなるからだ。恐竜はこうしてしだいに滅《ほろ》びていったのだというわけである。

そのころ、恐竜のような爬虫類《はちゅうるい》から、哺乳類《ほにゅうるい》が現《あらわ》れてきた。哺乳類は卵《たまご》でなくて子どもを産《う》み、その子を乳《ちち》で育てるというのが最《さい》大《だい》の特徴《とくちょう》だが、もう一つ彼《かれ》らは、ほぼ同じころに同じように爬虫類から現《あらわ》れた鳥類《ちょうるい》と並《なら》んで、温血動物であった。

世の中にはいいことばかりというものはない。動物の世界でもそれは同じである。

温血動物はまわりがいかに寒くても、体内で熱《ねつ》を発生して、「温血」を保《たも》つ。逆《ぎゃく》にまわりが暑くなると、汗《あせ》をかいたり、大きな耳を冷《れい》却装置《きゃくそうち》として機能《きのう》させて体温を下げ、まわりが寒くても暑くてもほぼ一定の体温を維持《いじ》することができる。そういう意味では彼らはほんとに「温血」なのである。[b]動物を[c]動物と呼《よ》ぶのにならえば、[d]動物は[e]動物と呼ばれる。

しかし、恒温《こうおん》動物が「恒温」であるためには、エネルギーが必要《ひつよう》だ。そのエネルギーはもちろん食べものからくる。そこでネズミたちは、寒くても動ける恒温動物であるがゆえに、寒くても動きまわって餌を探さねばならなくなってしまったのだ。

ヤマネはそれがいやだった（のだろう）。彼らは冬は恒温動物であることをやめて変温動物になり、冬の餌探しをしなくてもすむようにした。冬は気温の下がるにまかせて体温も下げ、冬眠する。③彼らはネズミの誇《ほこ》りを捨《す》てて、冬は丸くなって眠るのだ。

B

冬に眠っているヤマネは、ほんとに丸くなっている。でも、冬と限《かぎ》らず、ヤマネは夏でも眠るときは丸くなっているらしい。ネコも眠るときは丸くなる。イヌも丸くなって眠るが、体が硬《かた》いせいか、ネコやヤマネほどまん丸くならない。

われわれ人間にはあんなに丸くなって眠るのは無理《むり》だろう。ヤマネやネコは、丸くなって眠ったほうがよく眠れるのだろうか？

どうもそうではないらしい。ヤマネはどうだか知らないが、ネコがほんとに安心した状況《じょうきょう》で思いきりリラックスして眠っているときは、体をうんと伸《の》ばしたり、あおむけになっている。どうやらわれわれが[f]の字になってぐっすり眠っているときと同じ姿《すがた》なのだ。

丸くなって眠ることの利点《りてん》は、まず腹《はら》が冷《ひ》えないということだろう。どんな動物でも、腹は背中《せなか》よりずっと冷えやすい。

四つ足で背中を上にして歩く一般《いっぱん》の哺乳類は、背中のほうがずっと頑丈《がんじょう》にできている。厚《あつ》い毛皮も背中側《せなかがわ》にあり、寒気や危険《きけん》から大事な背中を守っている。

しかし腹側だって大事である。内臓《ないぞう》は腹側にある。胸《むね》は肋骨《ろっこつ》で守られているけれど、腹を守るものは何もない。皮もうすく柔《やわ》らかいので、ほとんど無防備《むぼうび》に近く、体温も発散《はっさん》しやすい。

起きて動いているうちはいいとして、眠りこんでしまったら、腹側は危険にさらされる。危険は二つある。④腹側を敵《てき》にがぶりとやられたら、致命傷《ちめいしょう》になるだろうということと、眠っていて体温調節《ちょうせつ》の機能《きのう》が低下《ていか》しているときは、腹側から熱《ねつ》を失《うしな》っていき、腹が冷えるだけでなく、体温を保《たも》つうえでぐあいがわるくなるだろうということだ。

そこで多くの動物は丸くなって眠ることになる。この二つの危険から腹側を守るためである。

アルマジロはセンザンコウよりもっと徹底《てってい》した「よろい」を着ているが、そのよろいももっぱら背中を守っているだけだ。腹側を守るためには、アルマジロはくるりと丸くなる。

ハリネズミもそうだ。こういう動物たちは、危険を感じるほど、ますます丸くなり、その姿勢《しせい》を強固《きょうこ》にとりつづける。

哺乳類とはおよそ縁《えん》が遠い動物もまったく同じことをする。甲殻《こうかく》類《るい》、つまりエビに近い仲間《なかま》であるダンゴムシも、危険を感じるとくるんと丸くなる。この丸は完全《かんぜん》で、ダンゴムシはまったく球となり、斜面《しゃめん》だったらコロリンコロリンところがり落ちていく。

歩いているとき、ダンゴムシは腹側《はらがわ》をぴたりと地面につけている。だからこの状態《じょうたい》では、彼《かれ》らの腹側は守られている。問題は彼らが体を横に倒《たお》したときである。そんなとき彼らはくるりと丸くなって腹側を守る。

ダンゴムシは変温《へんおん》動物である。腹側から熱《ねつ》が失《うしな》われていくことを心配する必要《ひつよう》はない。だから彼らが丸くなるのは、もっぱら[g]所としての腹側を守るためなのである。

熱帯《ねったい》には巨大《きょだい》なタマヤスデがいる。ヤスデの仲間《なかま》だが、ダンゴムシのような形で、しかも体長は十センチ以上《いじょう》ある。こいつもやはりくるりと球になってしまうのだ。昆虫《こんちゅう》も驚《おどろ》くと丸くなるものがたくさんいる。こんなにさまざまな動物が、みんな腹側を守るために丸くなるとはおもしろいことである。目的《もくてき》はみな同じであり、そのために同じことをしているのだ。

飛《と》ぶために体を頑丈《がんじょう》な箱にしてしまった鳥たちは、こんなふうに体を丸めることができない。鳥たちにとっても腹側は[g]所である。彼らは腹側を地面か木の枝《えだ》にぴったりつける以外《いがい》には、腹側を守るすべがない。しかし、⑤空を飛《と》べるという彼らの特技《とくぎ》が、このデメリットを補《おぎな》っているのだ。とにかく動物の世界でも、すべてにいいことというものはない。

（日高敏隆《としたか》『動物の言い分　人間の言い分』角川書店より）

問1　——線①「ほんとをいうと」のここでの意味として最《もっと》もふさわしいものを次のア〜エの中から選《えら》び、記号で答えなさい。

ア　新しい考えをいうと　**イ**　考えた結果《けっか》をいうと

ウ　冗談《じょうだん》にせずにいうと　**エ**　正直なところをいうと

問2　——線②「そんな詮索《せんさく》」とはどんな詮索ですか。最もふさわしいものを次のア〜エの中から選び、記号で答えなさい。

ア　この詩の作者の名前や正確《せいかく》な文章がさだかでないので、思い出そうとすること。

イ　リスが冬を越《こ》すのは子リスのままではなく、大人になってからではないかということ。

ウ　詩の中の「ゆらゆら眠《ねむ》る」という表現《ひょうげん》が妙《みょう》に頭に残《のこ》っているということ。

エ　リスは本当にまん丸くなって眠っているかどうか確《たし》かめなくてはわからないということ。

問3　空らん[a]に入る最もふさわしい言葉を次のア〜エの中から選び、記号で答えなさい。

ア　であるならば　**イ**　だとしても

ウ　さもないと　**エ**　このようにして

問4　空らん[b]、[c]、[d]、[e]に入る適当《てきとう》な言葉を[A]の文中から漢字二字で探《さが》し、それぞれ抜《ぬ》き出して答えなさい。

問5　——線③「彼らはネズミの誇《ほこ》りを捨《す》てて、冬は丸くなって眠るのだ」とありますが、誇りを持つ「ネズミ」は「彼ら」と違《ちが》うどのような行動をしているのですか。その行動を示《しめ》す連続している二文を[A]の文中から探《さが》し、始めと終わりの五字をそれぞれ抜《ぬ》き出して答えなさい。

問6　空らん[f]、[g]に入る漢字一字の言葉を、それぞれ考えて答えなさい。

問7　——線④「腹側を敵《てき》にがぶりとやられたら、致命傷《ちめいしょう》になるだろう」とありますが、それは「腹側」にどんな特徴《とくちょう》があるからですか。「腹側」の特徴を一文にまとめて答えなさい。

問8 ——線⑤「空を飛《と》べるという彼らの特技《とくぎ》が、このデメリットを補《おぎな》っているのだ」とありますが、

(1) 「このデメリット」とはどのようなことですか。次のらんに合うように、十二字でBの文中から探《さが》し、抜《ぬ》き出して答えなさい。

彼《かれ》らは□□□□□□□□□□□□ということ。

(2) 「空を飛べるという彼らの特技」が「このデメリット」を補うのはなぜですか。次のらんに合うように、十五字以内《いない》にまとめて答えなさい。

空を飛べることで□□□□□□□□□□□□□□□から。

問9 文章の内容《ないよう》と合うものを二つ、次のア～カの中から選び、記号で答えなさい。

ア 恐竜《きょうりゅう》を変温《へんおん》動物と呼《よ》ぶことはまちがいである。
イ ヤマネは冬も餌《えさ》を探《さが》すことがおそらく嫌《いや》だった。
ウ 人間は他の動物と異《こと》なり、腹《はら》を守る必要《ひつよう》がない。
エ 眠《ねむ》るとき丸くなるために動物は背中《せなか》を強くしていった。
オ 昆虫《こんちゅう》も哺乳類《ほにゅうるい》も体を丸める理由は腹側《はらがわ》を守るためだ。
カ 体を丸くする動物は住んでいる場所に共通点《きょうつうてん》がある。

解答《かいとう》

問1 エ

問2 イ

問3 ウ

問4 b 冷血　c 変温　d 温血　e 恒温

問5 ネズミの仲～餌《えさ》を探す。

問6 f 大　g 急

問7 （解答例《かいとうれい》）腹側には内臓があるのに腹を守るものが何もなく、皮もうすく柔らかいから。

問8 （1）（彼らは）体を丸めることができない（ということ。）

（2）（解答例《かいとうれい》1）（空を飛べることで）敵が来ない高い場所へ逃げられる（から。）

（解答例《かいとうれい》2）（空を飛べることで）地上での敵の攻撃を避けられる（から。）

問9 イ、オ

解説《かいせつ》

問1 ——線①の前後のつながりがヒントだね。——線①の前の段《だん》落《らく》で「二月になると、森で子リスがゆらゆら眠《ねむ》る」という詩に対して、——線①の段落でよくわかっていないとのべているから「正直なところをいうと」が合うね。

問2 指示語《しじご》の問題だね。——線②の「そんな」が何を指しているのかを考えると答えが選《えら》べるよ。

指示語は、
①指示語を含《ふく》む一文を読む。
②直前を探《さが》す。
③指示語に当てはめて一読してみる。
という3つのステップで解《と》くよ。

ここでは、「そんな」が指している内容《ないよう》は、直前の段落だね。そうすると答えは「イ」。詮索《せんさく》は、細かく調べもとめること。

問3 [a]の前後のつながりがヒント。餌《えさ》は食べなければならない。そうしないとひもじくなって体が冷《ひ》え、死んでしまう。「そうしないと」に合うのは、「ウ」の「さもないと」。ひもじいは、おなかがすいていることだよ。

問4 まずは、[b]、[c]、[d]、[e]の中で答えが決まりやすいところから考えていくと解《と》きやすいよ。[e]は、直後の「しかし」の一文がヒントになる。「しかし」の後で恒温《こうおん》動物について書いてあるね。ということは、[e]には「恒温」が入ることがわかるね。[d]は、11段落《だんらく》（37行目）がヒント。まわりが寒くても暑くてもほぼ一定の体温を維持《いじ》することができるのは温血動物だと書いてあるね。次に、[b]、[c]、[d]、[e]が対になっていることに気づけると答えが出しやすいよ。そうすると、d（温血）e（恒温）と対になる言葉をb・cに入れればよいから、bは「冷血」、cは「変温」となる。b・cは、7段落（19行目）がヒントだよ。

問5 「ネズミ」と「彼ら」の対比《たいひ》だね。「彼ら」とは、ヤマネのこと。

ヤマネは、冬眠《とうみん》することで餌探《えささが》しをしなくてもすむようにしたけど、一方でネズミは、どのような行動をしているのかな。14～15行目に、「ネズミの仲間は冬ごもりも冬眠もしない。どんなに寒い冬でも、彼らはチョロチョロ走りまわって餌を探す」とあるね。

問6

［f］の直前に「体をうんと伸《の》ばしたり、あおむけになっている」とあるから大の字が合うね。大の字は、人が、両手両足を広げたかっこうのこと。［g］は、腹側《はらがわ》はがぶりとやられたら致命傷《ちめいしょう》になってしまうことから、「急所」が合うね。急所とは、体の一番大事なところ。

問7

——線④の直前の段落がヒント。ここを一文にまとめよう。腹側《はらがわ》の特徴《とくちょう》は、内臓《ないぞう》は腹側にあるのに、腹を守るものは何もなく、皮もうすくて柔《やわ》らかいことだね。

問8

(1)「多くの動物」と「鳥」との対比《たいひ》だね。多くの動物は急所の腹側を守るため丸くなることができるけど、鳥は、飛《と》ぶために体を頑丈《がんじょう》な箱にしてしまったから体を丸めることができない。——線⑤の直前に「腹を守るすべがない」と答えにぴったりの内容が書いてあるけど、これだと字数が合わないから、似《に》たようなことを書いている部分を探《さが》してみようね。そうするとそのすぐ前に字数（十二字）に合う表現《ひょうげん》が見つかるよ。「デメリット」は、欠点《けってん》、短所のこと。

次の設問《せつもん》は、字数が十五字以内《いない》。（1）と（2）の字数制限《せいげん》が違《ちが》うことも見落とさないように読もうね！　問いに正しく答える意識《いしき》を持とう。

(2)鳥の特技《とくぎ》から考えてみよう。鳥は空を飛べるから、敵の来ない高い所へ逃《に》げられるね。この特技《とくぎ》が、体を丸めて腹側を守れないデメリットを補《おぎな》っているんだね。空に飛んで逃《に》げれば、地上で敵に攻撃《こうげき》されることから身を守れる。これらを十五字以内《いない》でまとめてみよう。

問9

イ　47行目に「ヤマネはそれがいやだった（のだろう）」とあるよ。「それ」が指す内容を探してみると直前（45～46行目）に「寒くても動きまわって餌を探さねば」ならないとあるね。答えはイ。

オ　77～78行目に「丸くなって眠る～危険から腹側を守るため」と書いてあるね。昆虫については、97～98行目に「昆虫も驚くと丸くなる」「腹側を守るために丸くなる」と書いてあるよ。オも答え。

ア　19～20行目（あの恐竜～れている。）に恐竜たちは、変温動物だったとあるので本文と合わない。

ウ　人間は腹を守る必要がないとは、文中に書かれていない。

エ　眠るとき丸くなるために動物は背中を強くしたのではない。

カ　動物の住んでいる場所に共通点があるとは、文中に書かれていない。

02

総合演習《そうごうえんしゅう》

同志社香里中学校《どうししゃこうり》（2018年度）

目標時間《もくひょう》
5年生……30分
6年生……25分

文章の文字数
2873字

● 次の文章を読んで、後の問いに答えなさい。（句読点《くとうてん》や記号も一字と数えます。）

1 みなさんの家では新聞を取っていますか？ 取っていない家庭が多いと思います。今はインターネットが普及《ふきゅう》しているので、わざわざ新聞を取らなくても、ネットで無料《むりょう》の情報《じょうほう》が好《す》きなだけ検索《けんさく》できるようになっています。「新聞なんて、必要《ひつよう》なの？」そんな声も聞こえてきそうですね。でも新聞はやはり必要だと私《わたし》は思います。ネットに※メリットがあるように、新聞にもメリットがあるんです。

2 そのメリットは何かというと、ひとつにはネットの画面で見るより、①紙に印刷《いんさつ》された文字で読むほうが記憶《きおく》が定着することです。ネットの情報はどうしても画面をサーッと流してしまいがちです。感覚的《かんかくてき》に文字が頭にひっかからないので、記憶にあまり残《のこ》らない。サーッと読めてしまうのが、ネットの良《よ》いところでもあるのですが、記憶に定着するかという点で見たら、紙に印刷されたもののほうが、圧倒的《あっとうてき》に有効《ゆうこう》なのではないでしょうか。

3 なぜかというと、紙に印刷されたものは、文章が書いてあった場所や形を記憶《きおく》にとどめやすいからです。みなさんも新聞の紙面を思いだしてみてください。見出しの位置《いち》や大きさがみな違《ちが》いますし、記事が縦長《たてなが》だったり、横長だったり、※レイアウトがいろいろですね。みな違うので、記憶にひっかかるフックがたくさんあるのです。教科書もそうですね。私は世界史《せかいし》や日本史《にほんし》を勉強するとき、「あの話は教科書の右上に書いてあった」「あの項目《こうもく》は左すみにあった」など、場所や位置で記憶していました。でももしそれらの事《じ》項《こう》がバラバラにタブレットの画面に出てきたら、ものすごく記憶しづらかったと思います。ネットの場合、全部が横書きの同じパターンで出てくるので、メリハリがなく、記憶に残りにくいのです。

4 たとえていえば、新聞の面は住宅地《じゅうたくち》で、そこに掲載《けいさい》されている記事は家のようなものです。新聞の場合はいろいろな形の家がさまざまなレイアウトで存在《そんざい》しているので、和風テイストのあの家とか、赤い屋根の洋館のあの家などと、ひとつひとつが記憶しやすい。［A］、ネットの記事は整理されているので、同じ形の家がずっと続《つづ》いていくような感じです。つまり②人工的《てき》な街《まち》なみなので、どの家をとっても記憶《きおく》しづらいのです。

5 新聞のほうがいろいろな記事を、航空図《こうくうず》のように一覧《いちらん》できる良《よ》さがあります。この「一覧性《いちらんせい》」が新聞のメリットです。ぱっと開いたときに全体を見通しやすいので、ざっと見出しを見て、その中で※セレクトして記事を読むことができます。ネットは順番《じゅんばん》に流して見ていくことしかできませんから、新聞のような一覧性はないわけです。

6　もちろんネットにも良い点はあります。記事を検索《けんさく》することにかけてはネットの右に出るものはありません。過去《かこ》の記事の検索はネットなら一発でできます。関連《かんれん》する記事をまとめて読むこともできます。これが新聞だと、図書館まで行って、いちいち他の新聞を調べたり、過去《かこ》の※縮刷版《しゅくさつばん》を広げなければいけません。その手間たるや、考えただけで気が遠くなります。ネットがない時代は、一日中、図書館にこもって③そんなこともしていたわけです。④そう考えるとネットの便利《べんり》さははかりしれません。でもだからといって、ネットだけで事足りるわけではないと私は思います。印刷された新聞ならではの良さがある。それを忘《わす》れてはいけないと私は思います。

7　⑤新聞を読むメリットはそれだけではありません。新聞を読んでいると、毎日情報が入ってくるので、「情報感度」が上がって、人と深い話ができるのです。新聞を読んでいる者同士《どうし》であれば、当たり前に政治《せいじ》や経済《けいざい》の話ができます。でも一人が新聞を読んでいてももう一人が読んでいなければ、そういう話はできません。「この人、ニュースを知らないな」と気づかれると、そもそも相手はそういう話題はふってこないし、仮《かり》にしたとしても、議論《ぎろん》は深まりません。そうなりますと、どうしても社会以外《いがい》のことに話題が行ってしまいます。「あのお店は美味《おい》しいよ」とか「最近《さいきん》、元気？」とか、ごく日常的《にちじょうてき》な話題ばかりになってしまい、そういう次元の話ばかりしていると、社会に向けて意識《いしき》が向きづらくなります。今、まさに私は大学でこのことを痛感《つうかん》しているのです。今の大学生は新聞でニュースをざっと読む習慣《しゅうかん》がないので、急に「英国《えいこく》のEU離脱《りだつ》問題について説明《せつめい》してください」と言っても、深い話ができないのです。

8　[B]、こうした大学生たちも、新聞の切り抜《ぬ》きを二週間やるだけで、格段《かくだん》に中身の濃《こ》い話ができるようになります。かつては日本のほとんどの世帯《せたい》が新聞を取っていて、毎日の事件《じけん》や出来事、社会の動きの情報を共有《きょうゆう》していました。刻一刻《こくいっこく》移り変《か》わる社会の情報をみなが共有することで、人々《ひとびと》の会話が成《な》り立ち、日本の政治、経済を下支《したざさ》えしていたのです。各《かく》家庭にはもちろんのこと、行く先々《さきざき》にも新聞があるのは当たり前でしたから、大学や会社にも新聞はあるわけで、家で読めなければ、そこで読んだり、通勤《つうきん》時に読むのも日常《にちじょう》の光景《こうけい》でした。

9　ちなみに私が東京に出てきた頃《ころ》は、電車の中で新聞を読む人がたくさんいました。今はみんなスマホをいじっていますが、当時はかなりの人が新聞を読んでいたのです。しかも満員《まんいん》電車の中で、新聞を縦《たて》に四つ折《お》りにして、周《まわ》りの人に迷惑《めいわく》をかけないよう読む名人芸《めいじんげい》の人もたくさんいました。当時の人たちは満員電車の中でさえ、新聞を読みたいと思っていたんですね。いい意味で活字中毒《ちゅうどく》だったわけです。なぜそこまで中毒になってしまったのかというと、新聞はニュースペーパーというくらいですから、つねに新しい情報があふれていたからです。

10　そういった新鮮《しんせん》な情報にふれるのが心地《ここち》よかったのです。ここが本との決定的《てき》な違《ちが》いです。本は何百年も前に書かれたものもあるくらいで、時間的《てき》には昨日《きのう》、今日の情報が載《の》っているわけではありません。もう少し長いタイムスパンになります。[C]『※論語《ろんご》』は二五〇〇年くらい前に書かれたものですから、※普遍的《ふへんてき》な内《ない》容《よう》ではありますが、最近《さいきん》のことを知るには適《てき》していません。一方、新聞には日々《ひび》のことが書かれているので、⑥情報の新陳代謝《しんちんたいしゃ》が盛《さか》んです。日々更新《こうしん》される新しい情報を知りたいという欲求《よっきゅう》や、その情報にふれている満足感《まんぞくかん》が、活字中毒を招《まね》いたといえます。かつての日本には毎日そうやって新聞の情報を入手しないと気が済《す》まない活字中毒の人たちが九割《わり》はいました。すごい社会だったんですね。

11　しかし私たちはそれをごく当たり前のことと思っていたので、日本がひじょうに知的《ちてき》レベルの高い社会であることに気づきませんでした。そして今、新聞を読まない人たちが圧倒的《あっとうてき》に増《ふ》えてしまい、日常《にちじょう》会話として政治、経済の深い話ができなくなってしまったのです。

12　物事の判断基準《はんだんきじゅん》も変《か》わってしまいました。基本情報量《きほんじょうほうりょう》の多い人間が判断するのと、少ない人間が判断するのとでは、判断の精度《せいど》にも大きな差《さ》が生まれます。情報量が少ない人が判断するとどうなるのかというと、そのときの気分や個人《こじん》の好《す》き嫌《きら》いで判断するしかなくなります。大切なことを、そのときの気分や好き嫌いで判断するわけです。今まさに日本ではそういう状況《じょうきょう》が進んでいるのです。

（齋藤《さいとう》　孝《たかし》「新聞力　できる人はこう読んでいる」より）

※　メリット…長所。
※　レイアウト…新聞などの紙面に文字や写真などを効果的《こうかてき》に配列すること。
※　セレクト…選択《せんたく》すること。
※　縮刷版…新聞などを縮小《しゅくしょう》して印刷《いんさつ》し、本の形で保存《ほぞん》しているもの。
※　『論語』…中国の思想家である孔子《こうし》とその弟子《でし》たちの言葉を集めた書物。
※　普遍的…すべてのものにあてはまること。

問1　□A〜Cにあてはまる言葉を、それぞれ次から選《えら》びなさい。（番号は一度しか選べない）

1　しかも　2　たとえば
3　つまり　4　しかし
5　一方

問2　――線①「紙に印刷《いんさつ》された文字で読むほうが記憶《きおく》が定着する」とありますが、新聞の記事が記憶に定着しやすいのはどうしてですか。次から選びなさい。

1　印刷されている記事は何度も読み返しやすいので、理解《りかい》を深められるから。
2　同じ紙面に関連《かんれん》する記事がいくつもあるので、内容《ないよう》がくわしく伝《つた》わるから。
3　記事によって書かれている位置《いち》や形に変化《へんか》があって、印象《いんしょう》に残《のこ》りやすいから。
4　記事だけでなく見出しが付《つ》け加《くわ》えられており、興味《きょうみ》を持ちやすいから。

問3　――線②「人工的《てき》な街《まち》なみ」とありますが、何がどのようになっていることを、「人工的な街なみ」にたとえていますか。解答《かいとう》らんに合うように、文中の言葉を使って二十五字以内《いない》で答えなさい。

ことを、人工的な街なみにたとえている。

問4 ――線③「そんなこと」とありますが、どういうことですか。解答らんに合うように、文中の言葉を使って十五字以内で答えなさい。

□□□□□□□□□□□□□□□こと

問5 ――線④「そう考えるとネットの便利《べんり》さははかりしれません」とありますが、ここで述《の》べられているネットの便利さを話している人はだれですか。次から選びなさい。

1 「電車の中ではスマホでニュースを読むんだ。新聞よりかさばらないし、片手《かたて》で持てるから満員《まんいん》電車でも記事を読めるよ。」

2 「字数の多い記事はスマホで読んでいるんだ。人差《ひとさ》し指で操作《そうさ》するだけで流すように読めるから速く情報《じょうほう》が頭に入るね。」

3 「環境問題《かんきょうもんだい》について書かれた新聞を買おうと思ったけれど、やめたんだ。ネットを使えば無料《むりょう》で記事を読めるからね。」

4 「衆議院選挙《しゅうぎいんせんきょ》についてネットで調べると、たくさんの記事が出てきたんだ。政党《せいとう》の主張《しゅちょう》や昔の選挙結果《せんきょけっか》もすぐに読めたよ。」

問6 ――線⑤「新聞を読むメリットはそれだけではありません」とありますが、1段落《だんらく》から7段落《だんらく》の中で、筆者は新聞のメリットをいくつ挙《あ》げていますか。算用数字で答えなさい。

問7 ――線⑥「情報の新陳代謝《しんちんたいしゃ》」とありますが、どのようなことをたとえていますか。次から選びなさい。

1 情報が集まること

2 情報が入れかわること

3 重要《じゅうよう》な情報が残《のこ》ること

4 情報の問題点が見えること

問8 この文章の内容《ないよう》に合うものを次から二つ選びなさい。

1 日本人の記憶力《きおくりょく》が低下《ていか》したのは、本や新聞などの印刷《いんさつ》された文字を読まなくなったからである。

2 ネットの記事は画面を通して流すように読むことができ、新聞より必要《ひつよう》な情報を選びやすい。

3 新聞を読む人が減《へ》り、社会のことだけでなく日常的《にちじょうてき》な話題についても会話が成《な》り立たなくなってきた。

4 新聞を読まなくなると入ってくる情報量が少なくなり、正確《せいかく》に物事を判断《はんだん》するのが難《むずか》しくなる。

5 新聞は本よりもたくさんの情報が得《え》られると考えられていたから、昔は新聞を読む人の方が多かった。

6 多くの家庭で新聞を取っていたころは、みんなが政治や経済の情報を頭に入れて会話することができた。

問9 この文章の特徴《とくちょう》とその効果《こうか》について説明《せつめい》したものを、次から二つ選びなさい。

1 筆者が実際《じっさい》に体験《たいけん》した話を入れることで、より説得力《せっとくりょく》を出そうとしている。

2 問題点を解決《かいけつ》する方法《ほうほう》を文章の最後《さいご》に紹介《しょうかい》し、読者の関心《かんしん》を高めようとしている。

3 各段落《かくだんらく》の最後に具体的《てき》な例《れい》を挙《あ》げることで、読者が内容《ないよう》を想《そう》像しやすくなっている。

4 他の意見と比《くら》べながら説明《せつめい》することで、筆者の意見が分かりやすくなっている。

5 話し言葉に近い表現《ひょうげん》や丁寧《ていねい》な言い方を使って、親しみやすい印象《いんしょう》を与《あた》えている。

解答《かいとう》

問1 A 5　B 4　C 2

問2 3

問3 ネットの記事が全部横書きの同じパターンになっている（ことを、人工的な街なみにたとえている。）（同意可《か》）

問4 他の新聞や過去の縮刷版を調べる（こと）（同意可《か》）

問5 4

問6 3

問7 2

問8 4・6

問9 1・5

解説《かいせつ》

問1 接続詞《せつぞくし》の問題は、接続詞の意味を理解《りかい》したうえで、前後のつながりを確認《かくにん》しよう。

A [A]の前は新聞の記事の話、[A]の後はネットの記事の話。対比の接続詞である5の「一方」が入るね。

B [B]の前は深い話ができない学生の話。[B]の後はそんな学生も二週間新聞の切り抜《ぬ》きをすれば深い話ができるようになると書いてあるね。逆《ぎゃく》のことが書いてあるから、4の「しかし」が入るね。

C [C]の前は本の話。[C]の後は『論語《ろんご》』の具体例《ぐたいれい》だね。だから、2の「たとえば」が入るね。

問2 理由問題。3段落《だんらく》に「なぜかというと、紙に印刷されたものは、文章が書いてあった場所や形を記憶にとどめやすいから」と書いてあったね。答えは3。

問3 ――線②の前に「つまり」があるね。大ヒント。「ネットの記事は整理されているので、同じ形の家がずっと続《つづ》いていくような感じです。」が「人工的《てき》な街《まち》なみ」をくわしく言いかえた部分だね。家は記事をたとえた言葉だと書いてあったね。ということは人工的な街なみとは、ネットの記事が全部同じってことだね。

問4 指示語《しじ》の問題だね。23行目に「ネットの場合、全部が横書きの同じパターンで出てくるので」とあるので、そこを使って書こう。

指示語は、
①指示語を含《ふく》む一文を読む。
②直前を探《さが》す。
③指示語に当てはめて一読してみる。
という3つのステップで解《と》くよ。

まず①ネットがない時代は一日中図書館にこもってしていたことだとわかるね。

②直前を探すと、「図書館まで行って、いちいち他の新聞を調べたり、過去《かこ》の縮刷版《しゅくさつばん》を広げなければなりません」とあるね。

③このまま当てはめられないから、「他の新聞や過去の縮刷版を調べること」と書きかえよう。

問5 「そう」という指示語が大ヒントだね。6段落に、過去《かこ》の記事の検索《けんさく》はネットなら一発でできると書いてある。答えは4。

02

問6 2段落目に「記憶《きおく》の定着のしやすさ」、5段落目に「一覧性《いちらんせい》」、7段落目に「情報感度」について書いてあったね。メリットという言葉に着目すると見つけやすかったよ。答えは3つ。

問7 新陳代謝《しんちんたいしゃ》とは、新しいものが古いものに変《か》わるという意味だね。意味がわからなくても、——線⑥の直後に「日々更新《こうしん》される新しい情報」と書いてあったね。答えは2。

問8 文章をちゃんと読んでいないとわからない問題だね。4は11、12段落に、6は8段落に書いてあったよ。答えは4、6。

問9 文章の特徴《とくちょう》についての問題だね。これも本文を全部読んで考える問題だよ。筆者の体験談《たいけんだん》や、問いかけが多かったね。答えは1、5。

海城《かいじょう》中学校（2019年度）

目標《もくひょう》時間
5年生……40分
6年生……25分

文章の文字数
2918字

● 次の文章を読み、後の問いに答えなさい。

※映像《えいぞう》は、指令《しれい》からはじまる。「白い服のグループがパスを回した回数を数えてください」。そして、白い服と黒い服のグループがそれぞれ、バスケットボールでパスを回しはじめる。相手のグループの間を縫《ぬ》うように流動的《てき》に立ち位置《いち》をずらし、バウンドパスも入れたりするので、結構《けっこう》集中が必要《ひつよう》だ。映像が終わると、正解《せいかい》の回数が示《しめ》される。よし、あたり。ほっとしたところで「ところで、あなたはゴリラを見ましたか？」という※キャプションが現《あらわ》れる。ん？　映像が巻《ま》き戻《もど》し再生《さい》《せい》される。あろうことか、パスをしている人びとの横から着ぐるみのゴリラが悠々《ゆうゆう》と現れて、真ん中で堂々《どうどう》と胸《むね》を叩《たた》いてから通り過《す》ぎてゆく。

はじめて見たときは衝撃的《しょうげきてき》だった。あんなに真剣《しんけん》に見ていたのに、まったくゴリラが見えていなかった。

わたしたちはふだん、目に入るたくさんのもののなかから、そのとき必要《ひつよう》なものだけを選《えら》んで注意を向けている。その「選択的《せんたくてき》注意」のおかげで、雑踏《ざっとう》のなかで知り合いを見つけたり、がやがやした居酒屋《いざかや》で相手の話す声を聞きとったりすることができる。①白服とボールだけに注意を向けているからゴリラが見えない。

（中略《ちゅうりゃく》）

ちゃんと見ているつもりでも、見えていないものがたくさんある。むしろ、②しっかり見ようとすればするほど、見えなくなっているのだ。見えないゴリラに気づく人も一定数いるが、バウンドのパスとそうでないパスを別々《べつべつ》に数えるなど難易度《なんいど》を上げると、気づかない人が増《ふ》えるという。

無駄《むだ》な情報《じょうほう》を切り捨《す》て、必要《ひつよう》な情報だけに目や耳を向ける。瞬間《しゅんかん》ごとに情報の取捨選択《しゅしゃせんたく》をおこなうのは、aノウの限《かぎ》られた容量《ようりょう》を効率《こうりつ》よくつかうためだ。

では、ふだんの生活のなかで必要な情報ってなんだろう。外を歩きながら考えた。道路に出て、まず、ぶつかったり、転んだりしないように気をつけるべきは、段差《だんさ》、電柱などの障害物《しょうがいぶつ》、すれ違《ちが》う人の動き。道路を横断《おうだん》するときには、横断歩道《おうだんほどう》の位置《いち》や信号《しんごう》の色、近づいてくる車の動きも確認《かくにん》が必要だ。そして目的地《もくてきち》に向かうために、案内板《あんないばん》や地図を確認し、目印《めじるし》となる曲がり角のパン屋さんやお店の看板《かんばん》を探《さが》す。もともと情報を伝達《でんたつ》するためにつくられた人工物は要《よう》チェックだ。

でも、それ以外《いがい》の多くのものは、わざわざ注意を向ける必要がないものばかりだった。傘《かさ》をもつべきか判断《はんだん》するのに晴れか雨か空を見上げる必要はあるが、はるか上空の渡《わた》り鳥のV字編隊《へんたい》に気づく必要はない。街路樹《がいろじゅ》は障害物《しょうがいぶつ》として認識《にんしき》する必要はあるが、※地衣類《ちいるい》がこっそり彩《いろど》っていることに気づく必要はない。

今度は公園の森のなかに入る。道路を歩いていたときよりも必要な情報が少なくなり、不要《ふよう》な情報に目を向ける余裕《よゆう》が出てきた。カラスがかっこよく滑空《かっくう》して地面にすとんと舞《ま》い降《お》りる瞬間《しゅんかん》や、アリの巣穴《すあな》が暗号のように並《なら》んでいるところ、クスの木の枝《えだ》ぶりが、何があったのだろうというような不思議《ふしぎ》な曲がり方をしているのも目に入る。

ふいに、上から何かくるくると優雅《ゆうが》に回りながら落ちてきた。なんだろう、カエデの種《たね》かなと思って拾いあげるとブナの木の小枝《こえだ》だ。左右交互《こうご》に少しねじれてついた葉が、プロペラのような回転の力を生みだしていたのだろう。

おもしろいなあと思った。そして、気づけば「おもしろい」と感じるものはすべて、不要な情報だった。

自分の場合は一人でおもしろがっているだけだけれど、③人に見えていない「おもしろい」を抽出《ちゅうしゅつ》して表現《ひょうげん》につなげるのが、アーティストなのだろう。

さて、何が必要で何が不要かは、そのときの行動の目的《もくてき》や周囲《しゅうい》の状況《じょうきょう》によってまったく違《ちが》う。

たとえば、電車に乗るために急いでいるときには、すれ違《ちが》う一人ひとりの顔の情報はいちいち必要ない。でも、bカイサツロで待ち合わせの相手を探《さが》しているときには、その付近《ふきん》にいる人の背格好《せかっこう》や顔、髪型《かみがた》や服装《ふくそう》などに注意を向ける。このとき、相手の顔や容姿《ようし》についての一連《いちれん》の知識《ちしき》(スキーマ)が呼《よ》び起こされ、それと照《て》らしあわせることで、すみやかに認識《にんしき》できる。もっともそのせいで、④背格好《せかっこう》の似《に》た別人《べつじん》に遠くから手を振《ふ》って、気まずい思いをすることもある。

必要な情報を瞬時《しゅんじ》に察知《さっち》して認識するために、その状況《じょうきょう》やcブンミャクに関連《かんれん》したスキーマを準備《じゅんび》しておく。文章に誤字《ごじ》があっても気づかずに読めてしまうのも、知っている単語《たんご》のスキーマにあてはめて認識しているからだ。

(中略)

知識《ちしき》が増《ふ》えるとスキーマも充実《じゅうじつ》するので、わずかな手がかりからでも察知《さっち》し、認識しやすくなる。この「知る」ことで見えてくるという感覚《かんかく》は、野生生物のフィールドワーク※のときにも強く実感することだ。

学生のころ、授業《じゅぎょう》をきっかけにしばらくきのこ採集《さいしゅう》に通っていたら、きのこの察知能力《さっちのうりょく》が少し身についた気がした。はじめは山のなかを闇雲《やみくも》にうろうろ、きょろきょろして歩き回り、ようやく見つけるという感じだった。⑤それがやがてなにげなく山道を歩いていても、ふと、きのこが目に飛《と》びこんでくるようになった。

きのこの好《この》む場所がわかってきただけでなく、きのこを採集するぞ、となると、目がきのこモードになって検出《けんしゅつ》力が上がる感じだ。いわば、きのこスキーマが発動した状態《じょうたい》なのだろう。地面や木のdミキ、倒木《とうぼく》のすみ、少し離《はな》れた草むらの陰《かげ》。なんとなく「!」と感じて、よく見ると、そこにきのこがある。

ときどきバードウォッチングに通っていたこともあって、そのときには鳥の検出力が少し上がった。この場合も、鳥見をするぞ、と思うと目が鳥モードになる。木の上などになんとなく「!」と感じて、にらんでいると、鳥が枝《えだ》を移《うつ》る動きで居場所《いばしょ》がわかるのだ。もっとも、鳥にくわしい人は、格段《かくだん》にすぐれた鳥察知能力《さっちのうりょく》をもっている。一緒《いっしょ》に鳥見に行くと、街中《まちなか》の公園でも、こんなに多くの種類《しゅるい》の鳥がいるのかと驚《おどろ》かされた。

生き物の存在《そんざい》を察知《さっち》するときは、形より先に、質感《しつかん》や動きで察知しているような気がする。あるいはなんか匂《にお》う、というときもある。スキーマのなかに、質感《しつかん》や動きや匂いが含《ふく》まれているからなのだろう。いずれも、「なんとなく」という感じなのは、「何か」として認知《にんち》する、つまり意味処理《しょり》される前の認知ⓔカテイで注意を向けているということなのかもしれない。

それは、⑥ふだんの物のとらえ方と少し違《ちが》う、原初的《げんしょてき》な感覚《かんかく》のようにも感じる。旧石器《きゅうせっき》時代の人びとや縄文人《じょうもんじん》など、狩猟採集《しゅりょうさいしゅう》生活をしていた人たちは、おそらく相当感度の高いセンサーをもって、獲物《えもの》や採《さい》集《しゅう》物をとらえていたはずだ。

数年前、公園でふと「!」のセンサーが働《はたら》いて、なにげなく上を見た。すると高い木の枝《えだ》に、なぜかおにぎりがちょこんと置《お》いてあった。手が届《とど》かないので写真を撮《と》って拡大《かくだい》してみると、フィルム未開封《みかいふう》の直《じか》火焼《びや》きたらこおにぎりだ。ヒトかカラスか、謎《なぞ》のままだったが、いずれにしても相当うっかりものだ。と思ったが、いや、自分もそういう不要《ふよう》なものに気をとられているから、うっかり電柱にぶつかったりするのだと反省《はんせい》した。

人間の認知《にんち》のしくみについて知れば知るほど、絶対的《ぜったいてき》なものなど何もないという気持ちになる。⑦自分の見ている世界がかなり偏《かたよ》ったものであることには自覚的《じかくてき》でいたい。

でも、⑧見えていないものやゆがんでとらえているものがたくさんあるからこそ、芸術《げいじゅつ》が生まれ、芸術を楽しむことができるのだと思う。

【齋藤亜矢《さいとうあや》「要《よう》、不要《ふよう》」（『図書　2018年10月号』〈岩波書店〉所収《しょしゅう》）】

※　映像《えいぞう》=筆者は、これよりも前の部分で「selective attention test」（選択的《せんたくてき》注意テスト）という動画について説明《せつめい》している。

※　キャプション=映像《えいぞう》にそえた説明《せつめい》のための字幕《じまく》。

※　地衣類《ちいるい》=コケに似《に》た、岩石や樹《き》の上に生育する菌類《きんるい》と藻類《そうるい》の共生体《きょうせいたい》。

※　フィールドワーク=野外など現地《げんち》で調査《ちょうさ》や研究を行うこと。

問1　――線部a～eのカタカナを漢字に直しなさい。

問2　――線部①「白服とボールだけに注意を向けているからゴリラが見えない」とあるが、そのようなことが起こるのはなぜか。その理由として適当《てきとう》なものを、次の中から一つ選《えら》び、記号で答えなさい。

ア　ゴリラは目に入ってはいるものの、映像《えいぞう》の指令《しれい》に従《したが》ってバスケットボールのパスの回数を数えるために、選手《せんしゅ》とボールばかりを見ることになるから。

イ　白い服と黒い服の選手たちが交わす、バスケットボールのパス回しの見事さに目をうばわれてしまうので、横切ったゴリラが目に入らなくなるから。

ウ　映像に出てくるキャプションにうながされ、ゴリラが現《あらわ》れる瞬間《しゅんかん》を確《たし》かめようとすればするほど、かえってボールの動きに気を取られてしまうから。

エ　私《わたし》たちは必要《ひつよう》なものにしか注意を向けないので、パスの中を横切るゴリラを認識《にんしき》していても、不必要《ふひつよう》な情報《じょうほう》として気に留《と》めないようにしているから。

問3　――線部②「しっかり見ようとすればするほど、見えなくなっている」とあるが、どういうことか。次の中から適当《てきとう》なものを一つ選び、記号で答えなさい。

ア　注意してものを見ようとすればするほど、無駄《むだ》な力ばかりが入って視野《しや》がせまくなり、かえって対象《たいしょう》が見えにくくなってしまうということ。

イ　ものの動きが複雑《ふくざつ》になればなるほど、対象の動きをしっかり追おうとするので、かえって必要《ひつよう》な情報《じょうほう》がとらえられなくなってしまうということ。

ウ　一瞬《いっしゅん》も目を離《はな》さずに対象の動きを追いかけようとすると、かえって視線《しせん》が安定せず、動きを正確《せいかく》にとらえられなくなってしまうということ。

エ　真剣《しんけん》に見ようとすればするほど、見ようとする対象に注意が集中することになり、それ以外《いがい》のものは認識《にんしき》できなくなってしまうということ。

問4　――線部③「人に見えていない『おもしろい』を抽出《ちゅうしゅつ》して表現《ひょうげん》につなげるのが、アーティストなのだろう」とあるが、それはどのようなことか。次の中から適当なものを一つ選び、記号で答えなさい。

ア　わざわざ注意を向ける必要のない、人に見えていないような情報の方が「おもしろい」のだとわかっていて、いつもその情報に注意をこらしているような人が「アーティスト」なのではないかということ。

イ　ふだんの生活には不要《ふよう》な情報に目を向ける余裕《よゆう》があり、それを自分一人だけでおもしろがっているのではなく、他人にそのおもしろさをわかりやすく説明《せつめい》できる人が「アーティスト」なのではないかということ。

ウ　もともと情報の伝達《でんたつ》のためにつくられた人工物以外《いがい》のものからも情報を読み取ることができ、その中でつねに瞬間《しゅんかん》ごとの情報の取捨選択《しゅしゃせんたく》をおこなっている人が「アーティスト」なのではないかということ。

エ　生きていくために必要不可欠《ひつようふかけつ》な情報や記号ではなく、ふだんは人が気にもかけないような物事に関心《かんしん》をいだき、それを魅《み》力的《りょくてき》なものとして発信《はっしん》することができる人が「アーティスト」なのではないかということ。

問5　――線部④「背格好《せかっこう》の似《に》た別人《べつじん》に遠くから手を振《ふ》って、気まずい思いをすることもある」とあるが、なぜこのようなことが起こるのか。その理由として適当なものを、次の中から一つ選び、記号で答えなさい。

ア　待ち合わせの相手はよく知っている人で、わざわざその背格好などをしっかり思い起こさないまま探《さが》すので、別人《べつじん》であっても似《に》ている人がいたら、瞬時《しゅんじ》に本人だと認識《にんしき》してしまうから。

イ　ふだんは、一人ひとりの背格好や服装《ふくそう》など気にもかけていないのに、待ち合わせのために無理《むり》やりあいまいな記憶《きおく》に頼《たよ》って探すので、似《に》た別人を本人だと思い違《ちが》いをしてしまうから。

ウ　待ち合わせの際《さい》には、あらかじめ想定している相手の背格好などの情報を付近《ふきん》の人にあてはめようとするので、その情報との共通点《きょうつうてん》が多い人を、目的《もくてき》の相手だと誤解《ごかい》してしまうから。

エ　待ち合わせをしている時は、相手と早く会いたいとあせって注意深く見極《みきわ》めたりしないため、背格好や服装が似《に》ている人がいたら、瞬時《しゅんじ》に待ち合わせの相手だと早合点《はやがてん》してしまうから。

問6　――線部⑤「それがやがて〜目に飛《と》びこんでくるように

なった」とあるが、なぜそのようになったのか。その理由として適当なものを、次の中から一つ選び、記号で答えなさい。

ア　何度もきのこの採集《さいしゅう》をしているうちにきのこの生えている場所もわかってきて、闇雲《やみくも》に歩き回らなくても、探《さが》すべき場所を正確《せいかく》に判断《はんだん》して、まちがいなく探《さが》せるようになるから。

イ　きのこを採集する経験《けいけん》の中で身につけたさまざまな知識《ちしき》が働《はたら》くことによって、きのこの生息する場所を、多くの手がかりや確《たし》かな根拠《こんきょ》を手にしなくても察知《さっち》できるようになるから。

ウ　自然《しぜん》に生息するきのこを自分の目で見る経験《けいけん》を重ねるうち、倒《とう》木《ぼく》のすみや草むらの陰《かげ》などの見つけにくい場所に生えているものでも、はっきりその形を見分けられるようになるから。

エ　きのこ採集に出かける前に、目的地《もくてきち》に関《かん》する多くの情報《じょうほう》を分析《ぶんせき》することで、あちこち探し回らなくてもあらかじめきのこの生息しそうな場所を特定《とくてい》したうえで探せるようになるから。

問7　――線部⑥「ふだんの物のとらえ方と少し違《ちが》う、原初的《げんしょてき》な感覚《かんかく》」とあるが、それはどのようなものか。次の中から適当なものを一つ選び、記号で答えなさい。

ア　周囲《しゅうい》にただようささいな雰囲気《ふんいき》の違《ちが》いに、自分でも明確《めいかく》に言葉にできないような感覚で反応《はんのう》するような、人々《ひとびと》がまだ自然《しぜん》に頼《たよ》って生きていた時代から持っていたであろうもののとらえ方。

イ　目や耳ではっきり確認《かくにん》する前に、わずかな匂《にお》いをかぎとっていちはやくその存在《そんざい》を察知《さっち》するような、狩猟《しゅりょう》生活を営《いとな》んでいたころの人々《ひとびと》が持っていたであろう動物的《てき》なもののとらえ方。

ウ　対象《たいしょう》に関《かん》する整理された知識《ちしき》がたくわえられることによって、はっきりと言葉では意識《いしき》していなくてもなんとなくその存在《そんざい》に気づいてしまうような、言葉を必要《ひつよう》としないもののとらえ方。

エ　色や形といった、はっきりと言葉に置《お》きかえられるものに頼《たよ》らず、肌《はだ》で感じ取れるわずかな変化《へんか》だけでものの存在に気づくような、言葉を学習する前の人間のみが持つもののとらえ方。

問8　――線部⑦「自分の見ている世界がかなり偏《かたよ》ったものである」とあるが、それはなぜか。その理由として適当なものを、次の中から一つ選び、記号で答えなさい。

ア　日常《にちじょう》生活の中では、身の安全や目的《もくてき》のために必要な情報以外《いがい》は、意識的《いしきてき》に見ないようにしているから。

イ　その人が見ようとするものや、独自《どくじ》の感覚《かんかく》、持っている一連《いちれん》の知識《ちしき》によって見えるものは異《こと》なるから。

ウ　人間は自らの経験《けいけん》やすぐれた認知能力《にんちのうりょく》にもとづき、いつも自分にしか見えないものを見ようとしているから。

エ　人によって認知のしくみが違《ちが》うので、自分に見えているものと他人に見えているものは絶対的《ぜったいてき》に異《こと》なるから。

問9　――線部⑧「見えていないものや〜芸術《げいじゅつ》を楽しむことができる」とあるが、ここに表れた筆者の考えはどのようなものか。次の中から適当なものを一つ選び、記号で答えなさい。

ア　人間は自分にとって必要なものしか見ていないが、むしろ不要だと思われるものに注意をこらすことこそが、芸術的な感性《かんせい》の高まりをうながすことにつながり、その人だけに見えている世界を自分一人で楽しめるようになるという考え。

イ　人間の認知《にんち》のしくみにはわかっていない点が多く残《のこ》されているが、だからこそ人間には無限《むげん》の可能性《かのうせい》があり、私《わたし》たちが目にしている世界に新たな解釈《かいしゃく》をもたらす、すばらしい芸術が生み出される楽しみもまた残《のこ》されているという考え。

ウ　人によって見えているものはそれぞれ違《ちが》い、そのたくさんの違いの中に宿っている、新鮮《しんせん》な感覚《かんかく》を刺激《しげき》するようなおもしろさを見過《みす》ごさずにとらえることから芸術が生まれ、それに親しむことによって人生もまた豊《ゆた》かになるという考え。

エ　芸術家とはふつうの人と違うものの見方や考え方ができる人のことであるが、そのような感覚を持つ人が多ければ多いほど、目に見える世界を正しく認知できる人が増《ふ》え、芸術や文化が新たな方向へと発展《はってん》する原動力になるという考え。

解答《かいとう》

問1　a 脳　b 改札　c 文脈　d 幹　e 過程

問2　ア

問3　エ

問4　エ

問5　ウ

問6　イ

問7　ア

問8　イ

問9　ウ

解説《かいせつ》

問2　――線部①「白服とボールだけに注意を向けているからゴリラが見えない」とあるが、そのようなことが起こるのはなぜか。その理由として適当《てきとう》なものを、次の中から一つ選《えら》び、記号で答えなさい。

ア　ゴリラは目に入ってはいるものの、映像《えいぞう》の指令《しれい》に従《したが》ってバスケットボールのパスの回数を数えるために、選手《せんしゅ》とボールばかりを見ることになるから。

イ　白い服と黒い服の選手たちが交わす、バスケットボールのパス回しの見事さに目をうばわれてしまうので、横切ったゴリラが目に入らなくなるから。

ウ　映像《えいぞう》に出てくるキャプションにうながされ、ゴリラが現《あらわ》れる瞬《しゅん》間《かん》を確《たし》かめようとすればするほど、かえってボールの動きに気を取られてしまうから。

エ　私《わたし》たちは必要《ひつよう》なものにしか注意を向けないので、パスの中を横切るゴリラを認識《にんしき》していても不必要《ふひつよう》な情報《じょうほう》として気に留《と》めないようにしているから。

理由問題。アとエで迷《まよ》う問題。具体例《ぐたいれい》の後のまとめの部分に「わたしたちはふだん、目に入るたくさんのもののなかから、そのとき必要《ひつよう》なものだけを選《えら》んで注意を向けている」（13～14行目）とあるね。目には入っていても認識《にんしき》していないね。むずかしい!!　答えはア。

問3 ——線部②「しっかり見ようとすればするほど、見えなくなっている」とあるが、どういうことか。次の中から適当なものを一つ選び、記号で答えなさい。

ア　注意してものを見ようとすればするほど、無駄《むだ》な力ばかりが入って視野《しや》がせまくなり、かえって対象《たいしょう》が見えにくくなってしまうということ。

イ　ものの動きが複雑《ふくざつ》になればなるほど、対象の動きをしっかり追おうとするので、かえって必要《ひつよう》な情報《じょうほう》がとらえられなくなってしまうということ。

ウ　一瞬《いっしゅん》も目を離《はな》さずに対象の動きを追いかけようとすると、かえって視線《しせん》が安定せず動きを正確《せいかく》にとらえられなくなってしまうということ。

エ　真剣《しんけん》に見ようとすればするほど、見ようとする対象に注意が集中することになり、それ以外《いがい》のものは認識《にんしき》できなくなってしまうということ。

「どういうこと」きかれているから、言いかえ問題。傍《ぼう》線《せん》部を言いかえた選択肢《せんたくし》はエだね。

問4 ——線部③「人に見えていない『おもしろい』を抽出《ちゅうしゅつ》して表現《ひょうげん》につなげるのが、アーティストなのだろう」とあるが、それはどのようなことか。次の中から適当なものを一つ選び、記号で答えなさい。

ア　わざわざ注意を向ける必要のない、人に見えていないような情報の方が「おもしろい」のだとわかっていて、いつもその情報に注意をこらしているような人が「アーティスト」なのではないかということ。

イ　ふだんの生活には不要《ふよう》な情報に目を向ける余裕《よゆう》があり、それを自分一人だけでおもしろがっているのではなく、他人にそのおもしろさをわかりやすく説明《せつめい》できる人が「アーティスト」なのではないかということ。

ウ　もともと情報の伝達《でんたつ》のためにつくられた人工物以外《いがい》のものからも情報を読み取ることができその中でつねに瞬間《しゅんかん》ごとの情報の取捨選択《しゅしゃせんたく》をおこなっている人が「アーティスト」なのではないかということ。

エ　生きていくために必要不可欠《ひつようふかけつ》な情報や記号ではなく、ふだんは人が気にもかけないような物事に関心《かんしん》をいだき、それを魅力的《みりょくてき》なものとして発信《はっしん》することができる人が「アーティスト」なのではないかということ。

とてもむずかしい言いかえ問題だね。イとエはどう違《ちが》うかな？「おもしろさをわかりやすく説明《せつめい》できる人」と「魅力的《みりょくてき》なものとして発信《はっしん》することができる人」のどちらが「アーティスト」といえるかな？　答えはエ。

問5 ――線部④「背格好《せかっこう》の似《に》た別人《べつじん》に遠くから手を振《ふ》って、気まずい思いをすることもある」とあるが、**なぜ**このようなことが起こるのか。その理由として適当なものを、次の中から一つ選び、記号で答えなさい。

ア 待ち合わせの相手はよく知っている人で、わざわざその背格好などをしっかり思い起こさないまま探《さが》すので、別人《べつじん》であっても似《に》ている人がいたら、瞬時《しゅんじ》に本人だと認識《にんしき》してしまうから。

イ ふだんは、一人ひとりの背格好や服装《ふくそう》など気にもかけていないのに、待ち合わせのために無理《むり》やりあいまいな記憶《きおく》に頼《たよ》って探すので、似《に》た別人を本人だと思い違《ちが》いをしてしまうから。

ウ 待ち合わせの際《さい》には、あらかじめ想定している相手の背格好などの情報を付近《ふきん》の人にあてはめようとするので、その情報との共《きょう》通点《つうてん》が多い人を、目的《もくてき》の相手だと誤解《ごかい》してしまうから。

エ 待ち合わせをしている時は、相手と早く会いたいとあせって注意深く見極《みきわ》めたりしないため、背格好や服装が似《に》ている人がいたら、瞬時《しゅんじ》に待ち合わせの相手だと早合点《はやがてん》してしまうから。

理由問題。待ち合わせの具体例《ぐたいれい》の中で、「相手の顔や容《よう》姿《し》についての一連《いちれん》の知識《ちしき》（スキーマ）が呼《よ》び起こされ、それと照《て》らしあわせることで、すみやかに認識《にんしき》できる」と書いてあったね。答えはウ。

問6 ――線部⑤「それがやがて～目に飛《と》びこんでくるようになった」とあるが、**なぜ**そのようになったのか。その理由として適当なものを、次の中から一つ選び、記号で答えなさい。

ア 何度もきのこの採集《さいしゅう》をしているうちにきのこの生えている場所もわかってきて、闇雲《やみくも》に歩き回らなくても、探《さが》すべき場所を正確《せいかく》に判断《はんだん》して、まちがいなく探《さが》せるようになるから。

イ きのこを採集する経験《けいけん》の中で身につけたさまざまな知識《ちしき》が働《はたら》くことによって、きのこの生息する場所を、多くの手がかりや確《たし》かな根拠《こんきょ》を手にしなくても察知《さっち》できるようになるから。

ウ 自然《しぜん》に生息するきのこを自分の目で見る経験《けいけん》を重ねるうち、倒《とう》木《ぼく》のすみや草むらの陰《かげ》などの見つけにくい場所に生えているものでも、はっきりその形を見分けられるようになるから。

エ きのこ採集に出かける前に、目的地《もくてきち》に関《かん》する多くの情報《じょうほう》を分析《ぶんせき》することで、あちこち探し回らなくてもあらかじめきのこの生息しそうな場所を特定《とくてい》したうえで探せるようになるから。

理由問題。具体例《ぐたいれい》の前のまとめの部分に「知識《ちしき》が増《ふ》えるとスキーマも充実《じゅうじつ》するので、わずかな手がかりからでも察知《さっち》し、認識《にんしき》しやすくなる」とあるね。答えはイ。

問7 ——線部⑥「ふだんの物のとらえ方と少し違《ちが》う、原初的《げんしょてき》な感覚《かんかく》」とあるが、それはどのようなものか。次の中から適当なものを一つ選び、記号で答えなさい。

ア　周囲《しゅうい》にただようささいな雰囲気《ふんいき》の違《ちが》いに、自分でも明確《めいかく》に言葉にできないような感覚で反応《はんのう》するような、人々《ひとびと》がまだ自然《しぜん》に頼《たよ》って生きていた時代から持っていたであろうもののとらえ方。

イ　目や耳ではっきり確認《かくにん》する前に、わずかな匂《にお》いをかぎとっていちはやくその存在《そんざい》を察知《さっち》するような、狩猟《しゅりょう》生活を営《いとな》んでいたころの人々《ひとびと》が持っていたであろう動物的《てき》なもののとらえ方。

ウ　対象《たいしょう》に関《かん》する整理された知識《ちしき》がたくわえられることによって、はっきりと言葉では意識《いしき》していなくてもなんとなくその存在《そんざい》に気づいてしまうような、言葉を必要《ひつよう》としないもののとらえ方。

エ　色や形といった、はっきりと言葉に置《お》きかえられるものに頼《たよ》らず、肌《はだ》で感じ取れるわずかな変化《へんか》だけでものの存在に気づくような、言葉を学習する前の人間のみが持つもののとらえ方。

言いかえ問題。——線部⑥をのばすと「それ」という指示語《しじご》が見つかるね。「それ」の中身は意味処理《しょり》される前の認知過程《にんちかてい》で注意を向けていることだね。さらに——線部⑥の後ろには、狩猟《しゅりょう》採集生活をしていた人たちの持っていたセンサーのことだと書いてあるね。答えはア。イは「質感《しつかん》や動きや匂《にお》い」と書いてあったのに、「匂《にお》い」だけになっているから×。ウは「言葉」の話は書いてなかったから×。エは「のみ」が言いすぎだね。言いすぎの選択肢《せんたくし》には注意しよう。

問8 ——線部⑦「自分の見ている世界がかなり偏《かたよ》ったものである」とあるが、それはなぜか。その理由として適当なものを、次の中から一つ選び、記号で答えなさい。

ア　日常《にちじょう》生活の中では、身の安全や目的《もくてき》のために必要な情報以外《いがい》は、意識的に見ないようにしているから。

イ　その人が見ようとするものや、独自《どくじ》の感覚《かんかく》、持っている一連《いちれん》の知識《ちしき》によって見えるものは異《こと》なるから。

ウ　人間は自らの経験《けいけん》やすぐれた認知能力《にんちのうりょく》にもとづき、いつも自分にしか見えないものを見ようとしているから。

エ　人によって認知のしくみが違《ちが》うので、自分に見えているものと他人に見えているものは絶対的に異なるから。

理由問題。文章全体を読まないとわからない全体読解《どっかい》だから、むずかしかったね。人間は「無駄《むだ》な情報《じょうほう》を切り捨《す》て、必要《ひつよう》な情報だけに目や耳を向ける」（24行目）、「何が必要で何が不要かは、そのときの行動の目的《もくてき》や周囲《しゅうい》の状況《じょうきょう》によってまったく違《ちが》う」（54～55行目）と書いてあったね。答えはイ。
アは、意識的《いしきてき》に見ないようにしているのではないから×。ウは「いつも」、エは「絶対的《ぜったいてき》に」が言いすぎだね。

問9 ——線部⑧「見えていないものや～芸術《げいじゅつ》を楽しむことができる」とあるが、ここに表れた筆者の考えはどのようなものか。次の中から適当《てきとう》なものを一つ選《えら》び、記号で答えなさい。

ア　人間は自分にとって必要《ひつよう》なものしか見ていないが、むしろ不要だと思われるものに注意をこらすことこそが、芸術的な感性《かんせい》の高まりをうながすことにつながり、その人だけに見えている世界を自分一人で楽しめるようになるという考え。

イ　人間の認知《にんち》のしくみにはわかっていない点が多く残《のこ》されているが、だからこそ人間には無限《むげん》の可能性《かのうせい》があり、私《わたし》たちが目にしている世界に新たな解釈《かいしゃく》をもたらす、すばらしい芸術が生み出される楽しみもまた残《のこ》されているという考え。

ウ　人によって見えているものはそれぞれ違《ちが》い、そのたくさんの違いの中に宿っている、新鮮《しんせん》な感覚《かんかく》を刺激《しげき》するようなおもしろさを見《み》過《す》ごさずにとらえることから芸術が生まれ、それに親しむことによって人生もまた豊《ゆた》かになるという考え。

エ　芸術家とはふつうの人と違うものの見方や考え方ができる人のことであるが、そのような感覚を持つ人が多ければ多いほど、目に見える世界を正しく認知できる人が増《ふ》え、芸術や文化が新たな方向へと発展《はってん》する原動力になるという考え。

言いかえ問題。一見、イは正しく思えるけど、傍線《ぼうせん》部の言いかえになっているかな？　傍線《ぼうせん》部について言いかえてみよう。芸術の話はどこに書いてあったかな。——線部③のアーティストの話のところだね。アーティストは「人に見えていない『おもしろい』を抽出《ちゅうしゅつ》して表現《ひょうげん》につなげる」（51～52行目）んだったね。ということは、認知のしくみがわからないから人間に無限の可能性があるわけではないね。イは×。アは自分一人で楽しめるようになる、エは目に見える世界を正しく認知できる人が増《ふ》え、というところが違うね。答えはウ。

04 総合演習《そうごうえんしゅう》

早稲田《わせだ》大学高等学院中学部
（2017年度）

入試問題《にゅうしもんだい》にチャレンジ！

目標時間《もくひょうじかん》
5年生……40分
6年生……25分

文章の文字数
2723字

● 次の文章を読んで、後の問いに答えなさい。
（注意）解答《かいとう》の際《さい》は、「、」や「。」も一字と数えます。

　二、三歳《さい》の子どもが、お母さんが目を離《はな》したしばらくの時間にどこかへでかけてしまって大騒《さわ》ぎになり、あとで、子どもの足だと二〇分もかかるようなスーパーマーケットで保護《ほご》されていたなどという幼《おさな》い①武勇伝《ぶゆうでん》をきくことがあります。そのスーパーは、お母さんとよく買い物にでかけていたところですが、途中《とちゅう》には自動車の通る大きな交差点《こうさてん》もあって、どうしてそこを渡《わた》ったのだろうと、親は思い出すたびにドキドキしてしまうのです。

　これは勇気《ゆうき》でしょうか。大胆《だいたん》な冒険《ぼうけん》でしょうか。②そうとはいえないと思います。

　勇気とか大胆な冒険とかいうのは、やはり一方で、こわい、あぶない、はずかしいなどの行動を躊躇《ちゅうちょ》させるような要素《ようそ》の認識《にんしき》がａめばえており、かつそのブレーキ要素をのりこえて実行するところで意味のある言葉になります。よく「こわさを知らない」ということがありますが、それも、それまでの体験《たいけん》のなかから自分の力に確信《かくしん》がある場合か、本当にこわさを認識できないかのいずれかです。

　世の中には、高いところとか、近づいてくる自動車などを、ちっともこわがらない子どもがいます。たとえば、道路の真ん中にいて、向こうから自動車が走ってくる。次の瞬間《しゅんかん》ぶつかるかもしれないというときに、全然《ぜんぜん》避《さ》けようとせず、③ブラブラしているのです。むしろ徐行《じょこう》している自動車に触《さわ》ろうとすらします。この場合は、まさに、こわさを知らない（自動車という物体との距離《きょり》やぶつかるという出来事の危険性《きけんせい》などが認知《にんち》できない）からできる行動です。ふつうの発達過程《はったつかてい》では、自分の視野《しや》のなかで、どんどん近づいてくる物体にたいしては、「何だろう」「自分にとって危険なものではないか」という警戒心《けいかいしん》が働《はたら》くものであるはずです。

　子どもは母親のうしろにかくれながら、うずくまっている猫《ねこ》や犬に手を出してみて、自分とそれら（猫や犬）との力関係《ちからかんけい》を測《はか》りながらだんだん冒険をし、いずれは、自ら勇気をふるってひとりで挑戦《ちょうせん》するようになるわけです。

　少し大きくなると、はずかしさ（これも人の見ているなかで失敗《しっぱい》することのこわさともいえます）が、勇気の障害《しょうがい》になることがあります。内気な子、④引っこみ思案《じあん》な子というのが、そのよい例《れい》でしょう。

　内気な子も意外と力をもっているのです。でも、自分の力を表現《ひょうげん》するのにまだ自信《じしん》がもてない。[A]、表現《ひょうげん》したり行動したりするチャンスを失《うしな》い、ますます内気になるという悪循環《じゅんかん》におちいっています。そして、「勇気を出してやってごらん、やればできるんだから」と励《はげ》まされると、なお緊張《きんちょう》して尻込《しりご》みしてしまうというわけです。つまり、このような子は、結局《けっきょく》、自ら思いきって行動する体験《たいけん》の不足《ふそく》な子なのです。大人が、言葉でリードすればするほど、その「がんばれ」という条件《じょうけん》刺激《しげき》が萎縮《いしゅく》させてしまうという場合もあります。その子は、ますます臆病《おくびょう》になっていくわけです。

人間の行動は、いつも［⑤］の天秤《てんびん》の上になりたっているのではないかと思います。

勇気のある子どもは、一方では、その勇気に匹敵《ひってき》するくらいの用心ぶかい配慮《はいりょ》の体験をすでに持っているのではないでしょうか。しかも、その体験は、たんに体験ではなく、そのたびごとに「大丈夫《だいじょうぶ》だった」という［X］感、「やった」という［Y］感、「人よりも勝った」という勝利《しょうり》感、「これだけ身につけた」という［Z］感などの感情《かんじょう》と知的《ちてき》発達《はったつ》のうらづけがないと、次の行動への勇気を支《ささ》えるものにはならないようです。だから、⑥一回一回の体験の中身がやはり問題だということになります。

B君は小学五年生。勉強もできるし、他の子にもやさしいので、引っこみ思案《じあん》なのですが、今回クラス委員に選《えら》ばれました。選挙《せんきょ》で選《えら》ばれた以上《いじょう》、ことわる〝勇気〟もまたありません。担任《たんにん》の先生は、これはいいチャンスだと期待したのですが、クラス委員としてやるべきことは何か、を考えるまえに、人とはちがった立場に立つということに、まず尻込《しりご》みしてしまいます。具体的《ぐたいてき》にクラス委員としての仕事を実行していく過程《かてい》で、クラス委員とはこういうものかということが、すこしずつ理解《りかい》できて、結構《けっこう》その役割《やくわり》をはたしてもいけるし、率先《そっせん》して発言できるようにもなるものですが、最初《さいしょ》は、そういう過程を予測《よそく》できません。B君は、それからいつもため息が多くなってしまいました。

勉強はよくやりますし、きめられた仕事はちゃんとやるのですが、元気は相変《あいか》わらずないのです。クラス委員としての役割も先生にうながされて、なんとかやりこなせました。ひとりでやることについては、じつにきれいに最後《さいご》までやるのですが、人前で自分の主張《しゅちょう》をはっきり言って押《お》しとおすということはできませんでした。やはり、おとなしいクラス委員だったのです。学期もかわり、委員も交代した時点で、先生は、B君に「クラス委員はどうだった？」とききますと、「よくわからない。でもボクにはあわないみたい」とポツリといったそうです。

小学五年生にもなると、ある程度《ていど》その子の傾向《けいこう》は、一つの安定した人格《じんかく》の一部となってしまうように思われます。むしろ、こういうときは、その個性《こせい》をそのまま尊重《そんちょう》してその子なりの力をしっかりとつけさせてやったほうがいいように思われます。内的《ないてき》な力（たとえば学力）が外にうまく発表できなくても、着実に伸《の》びていれば、もっと大きくなってから、外に表現《ひょうげん》できるチャンスはくるものと考えられます。

それにたいして、主として外に発表する勇気をひきだすことを急いで背伸《せの》びをさせようとすると、子どもにとっては内的矛盾《ないてきむじゅん》になってしまいます。用心深い子は用心深い子として認《みと》め、その子の内的な能力《のうりょく》の開発を忘《わす》れないことが大切です。大人はややもすると、他の子どもと比較《ひかく》してその子を評価《ひょうか》しがちで、その子の内的な発達《はったつ》のレベルに気づかないことが多いのです。

このケースのB君は、その後、中学にすすみ、野球部に入ってからは、キャッチャーがbとくいで、おとなしいけれども、チームをまとめるのにすばらしい力を発揮《はっき》したということです。つまり、小学五年生のクラス委員は、引っこみ思案《じあん》を自覚的《じかくてき》に克服《こくふく》するチャンスにはなりませんでした（客観的《きゃっかんてき》にはよい経験《けいけん》だったのでしょうが）。[B]、その後の自然《しぜん》な発達《はったつ》と野球部に入ってからの経験によって、ようやくB君らしいおちついた人格《じんかく》がcかいかしたといえるでしょう。

勇気と用心深さは、いつもうらはらの関係《かんけい》にあります。そして、この二つをつなぐものは自分にたいする確信《かくしん》（「自分は、ここまでできる」「もう少し自分に課《か》しても大丈夫《だいじょうぶ》ではないか」「もう少しやってみよう」「前進したい」などの気持ち）だと思います。この自分にたいする確信がどの程度《ていど》かを大人は見極《みきわ》めて働《はたら》きかける必要《ひつよう》があります。「もっと勇気を出して！」だけでは、子どもは自分というものを前へだすことはできないものです。

（石田一宏《かずひろ》『子どもの精神力《せいしんりょく》』より・一部改《かい》）

問1 ——a「め」・b「とくい」・c「かいか」のひらがなを漢字に直しなさい。

問2 [A]・[B]に入る最《もっと》も適切《てきせつ》な語句《ごく》をそれぞれ選《えら》び、記号で答えなさい。

ア だから
イ たとえば
ウ ところで
エ さて
オ また
カ しかし
キ なぜなら

問3 ——①「武勇伝《ぶゆうでん》」の意味として最も適切なものを選び、記号で答えなさい。

ア 勇《いさ》ましい手柄話《てがらばなし》。
イ 武道《ぶどう》をきわめた者の伝説《でんせつ》。
ウ 民衆《みんしゅう》の信頼《しんらい》を集めた人の言葉。
エ 人のために勇気《ゆうき》をふるった人の伝記《でんき》。

問4 ——②「そうとはいえない」とありますが、それはなぜですか。最も適切なものを選び、記号で答えなさい。

ア 身勝手な行動を勇気と呼《よ》ぶことはより危険《きけん》をまねくから。
イ 幼《おさな》い子どもは勇気とは別《べつ》に自分を守る本能《ほんのう》が備《そな》わっているから。
ウ 二、三歳《さい》の子どもが自覚的《じかくてき》に危険な行動を選び取ることは少ないから
エ 二、三歳《さい》の子どもが警戒心《けいかいしん》を上回るほどの身体能力《のうりょく》を持つことは少ないから。

問5 ——③「ブラブラ」と同じ性質《せいしつ》のカタカナ言葉を用いた例《れい》を一つ選《えら》び、記号で答えなさい。

ア 犬がワンワンほえる。
イ 猫《ねこ》がコソコソにげる。
ウ かみなりがゴロゴロ鳴る。
エ とびらをコンコンたたく。

問6 ——④「引っこみ思案《じあん》な子」とありますが、それはどのような子どもだと説明《せつめい》されていますか。最も適切な部分を本文中から十八字で抜《ぬ》き出して答えなさい。

問7 [⑤]に入る語句《ごく》を、本文中から七字で抜き出して答えなさい。

問8 X・Y・Zに入る言葉の組み合わせとして最も適切なものを選び、記号で答えなさい。

ア X＝安心　Y＝満足《まんぞく》　Z＝充実《じゅうじつ》

イ X＝満足《まんぞく》　Y＝充実《じゅうじつ》　Z＝安心

ウ X＝充実《じゅうじつ》　Y＝満足《まんぞく》　Z＝安心

エ X＝充実《じゅうじつ》　Y＝安心　Z＝満足《まんぞく》

問9 ――⑥「一回一回の体験《たいけん》の中身がやはり問題だ」とありますが、それはなぜですか。最も適切なものを選び、記号で答えなさい。

ア 成功《せいこう》と失敗《しっぱい》のバランスが、子どもの表現《ひょうげん》や行動のきっかけとなるから。

イ 子どもは、周囲《しゅうい》に配慮《はいりょ》することなく存分《ぞんぶん》に力を発揮《はっき》することが必要《ひつよう》だから。

ウ 大人がときおり声をかけないと、子どもはむやみに勇気《ゆうき》をふるうだけになるから。

エ 注意深く取り組み確信《かくしん》を積《つ》み重ねていくことが、子どもの次の勇気《ゆうき》を引き出すから。

問10 B君の例《れい》をあげたのは、どういうことを説明《せつめい》するためですか。「があること。」に続《つづ》けられる三十字の部分を本文中から抜《ぬ》き出して、はじめとおわりの五字を答えなさい。

解答

問1 a 芽　b 得意　c 開花

問2 A ア　B カ

問3 ア

問4 ウ

問5 イ

問6 自ら思いきって行動する体験の不足な子

問7 勇気と用心深さ

問8 ア

問9 エ

問10 自分にたい～かける必要（があること。）

解説

問2 A [A]の前後がヒント。「自分の力を表現《ひょうげん》するのにまだ自信《じしん》がもてない。」その結果《けっか》、「表現したり行動したりするチャンスを失《うしな》い、ますます内気になるという悪循環《じゅんかん》」におちいるんだね。[A]の直前の一文を理由として、後にその結果《けっか》をつなぐ「だから」が合うね。

B [B]の前後がヒント。[B]の直前の一文に、「小学五年生のクラス委員は、引っこみ思案《じあん》を自覚的《じかくてき》に克服《こくふく》するチャンスにはなりませんでした」とあり、[B]の直後の一文には、「その後の自然《しぜん》な発達《はったつ》と野球部に入ってからの経験《けいけん》によって、ようやくB君らしいおちついた人格《じんかく》がかいかした」とあるので、前のことがらと反する内容《ないよう》をつなげる「しかし」が合うね。

問4 ――②の直後が手がかり。勇気《ゆうき》とか大胆《だいたん》な冒険《ぼうけん》というのは、こわい、あぶない、はずかしいなどの行動を躊躇《ちゅうちょ》させるような要素《ようそ》の認識《にんしき》がめばえ、かつそのブレーキ要素《ようそ》を乗りこえて実行するものなのに、二、三歳《さい》の子どもの武勇伝《ぶゆうでん》には、こうした自覚《じかく》がない。だから、勇気とか大胆な冒険とは言えないんだね。答えはウ。

問5 ――③ブラブラは、擬態語《ぎたいご》。擬態語とは、ものごとの様子をそれらしく表現《ひょうげん》した言葉のことだよ。イのコソコソが同じ性質《せいしつ》を持つね。ア、ウ、エは擬音《ぎおん》（声《せい》）語《ご》で、動物の鳴き声や物の音などをまねして表す言葉のこと。このような問題を解《と》くときは、「音が出ているか、出ていないか」で判断《はんだん》すると解《と》きやすいよ。音が出ているのは、擬音語。音が出ていないのは、擬態語だよ。

擬態語	擬音（声）語
にこにこ	ワンワン
うきうき	コケコッコー
ぶらぶら	ザーザー
ずっしり	ガチャン
など	など

問6 直後の段落《だんらく》がヒント。はずかしさが勇気《ゆうき》の障害《しょうがい》になっている引っこみ思案《じあん》の子を、次の段落《だんらく》でくわしく説明《せつめい》し、つまり、このような子は、結局《けっきょく》、自ら思いきって行動する体験《たいけん》の不足《ふそく》な子だとまとめてるね。具体と抽象《ちゅうしょう》のつながりをつかもう。

問7 ⑤の一文、人間の行動は、「天秤《てんびん》の上になりたっている」がヒント。天秤《てんびん》から、2つの物をつりあわせるイメージが浮《う》かぶね。続《つづ》く段落《だんらく》の最初《さいしょ》に「勇気《ゆうき》のある子どもは、一方では、その勇気に匹敵《ひってき》するくらい用心ぶかい配慮《はいりょ》の体験をすでに持っているのではないでしょうか」とあるので、勇気と用心深さの上に人間の行動がなりたっていることがつかめる。天秤《てんびん》のイメージに合うね。これを字数に合わせてぬき出すと、最後《さいご》の段落《だんらく》にある「勇気と用心深さ」になるよ。

問8 [X]、[Y]、[Z]のそれぞれ直前の言葉をヒントにしよう。「大丈夫《だいじょうぶ》だった」という[X]。大丈夫だと感じることは安心感と言える。「やった」という[Y]。「やった」と思うのは、満《み》たされること表すので満足感《まんぞくかん》。「これだけ身につけた」という[Z]。これだけはできたというじゅうぶんな気持ちを表すので充実感《じゅうじつかん》が合うね。

問9 ――⑥の理由が問われているので、直前の「だから」が大ヒント。――⑥の理由は、「だから」の前にあるよ。「感情《かんじょう》と知的《ちてき》発達《はったつ》のうらづけがないと、次の行動への勇気を支《ささ》えるものにはならない」、だから一回一回の体験の中身が問題になってくるんだね。「大丈夫だった」「やった」「これだけ身につけた」などの感情の積《つ》み重ねが自分に対する確信《かくしん》となり、次の行動への勇気につながっていくんだね。答えはエ。

問10 B君の具体例《ぐたいれい》の後に、筆者の意見が最後《さいご》の段落《だんらく》にまとめられているね。B君を例にあげることで筆者は、「自分にたいする確信がどの程度《ていど》かを大人は見極《みきわ》めて働《はたら》きかける必要《ひつよう》」があると言いたいんだね。具体と抽象《ちゅうしょう》のつながりをつかもう。

[監修]

安浪京子（やすなみきょうこ）

株式会社アートオブエデュケーション代表取締役、算数教育家、中学受験カウンセラー。プロ家庭教師歴20年超。
神戸大学発達科学部にて教育について学ぶ。関西、関東の中学受験専門大手進学塾にて算数講師を担当、生徒アンケートでは100% の支持率を誇る。
様々な教育・ビジネス媒体において中学受験や算数に関するセミナー、著書、連載、コラムなど多数。「きょうこ先生」として受験算数の全分野授業動画を無料公開している。

[著者]

青山麻美（あおやまあさみ）

株式会社アートオブエデュケーション関西指導部長。プロ家庭教師・受験カウンセラーとして1000人以上の生徒を担当。教科指導のみならず、メンタルサポートにも定評がある。受験を通して人生を生き抜く力をつけてもらうことが目標。現在は金子香代子とともにオンライン集団授業 ZOOM メイトにて全国の受験生に国語を指導している。『中学受験にチャレンジするきみへ』（大和書房）『中学受験 必勝ノート術』（ダイヤモンド社）などの著書がある。

金子香代子（かねこかよこ）

株式会社アートオブエデュケーション中学受験国語カウンセラー。元中学受験専門大手進学塾にて国語を担当。「子どもの目線に下りる」をモットーに、得点につながる「読み方」「解き方」を楽しく指導する。子どもに響く「声かけ」メソッドは、多くの親子に好評を得ている。著書に『中学受験 金子式「声かけ」メソッド 最速の国語読解力』、『中学受験にチャレンジするきみへ』（ともに大和書房）他、連載・取材多数。

●本書の内容に関するお問合せについて

本書の内容に誤りと思われるところがありましたら，まずは小社ブックスサイト（jitsumu.hondana.jp）中の本書ページ内にある正誤表・訂正表をご確認ください。正誤表・訂正表がない場合や訂正表に該当箇所が掲載されていない場合は，書名，発行年月日，お客様の名前・連絡先，該当箇所のページ番号と具体的な誤りの内容・理由等をご記入のうえ，郵便，FAX，メールにてお問合せください。

〒163-8671 東京都新宿区新宿 1-1-12　実務教育出版　第二編集部問合せ窓口
FAX：03-5369-2237　E-mail：jitsumu_2hen@jitsumu.co.jp

【ご注意】
※電話でのお問合せは，一切受け付けておりません。
※内容の正誤以外のお問合せ（詳しい解説・受験指導のご要望等）には対応できません。

◎装丁・本文デザイン／ホリウチミホ（株式会社 nixinc）
◎イラスト／森のくじら
◎ DTP 組版／株式会社明昌堂

中学受験
となりにカテキョ　つきっきり国語
[説明文編]

2023 年 12月15日　初版第１刷発行

監　修	安浪京子
著　者	青山麻美　金子香代子
発行者	小山隆之
発行所	株式会社 実務教育出版
	163-8671　東京都新宿区新宿1-1-12
	電話　03-3355-1812（編集）　03-3355-1951（販売）
振　替	00160-0-78270
印刷／製本	図書印刷

ISBN978-4-7889-0968-7　C6081

つきっきりで国語を教わるライブ感！

11 万以上の家庭に寄りそってきた、プロ家庭教師陣だから
子どもが「どこで間違えるのか」「どこがわからないのか」わかります！
対話形式で子どもの「なぜ？」を解決。
家庭教師にマンツーマンで教えてもらえるライブ感を再現！

【中学受験】となりにカテキョ
つきっきり国語［説明文編］

安浪京子 監修 ／ 青山麻美・金子香代子 著
Ａ４判・184ページ　●定価：1,980円（税込）